PINO PELLEGRINO

Educare!

LE MOSSE PER LA MAGNIFICA IMPRESA

ASTEGIANO EDITORE

Testi: Pino Pellegrino

Realizzazione grafica: Marzia Ferigutti

Stampa: Litostampa Mario Astegiano- Marene (CN)

ISBN 88-6108-000-6

Tel. 0172 1961208
e-mail.info@astegianoeditore.it • www.astegianoeditore.it

L'impresa

Educare è un'impresa. Un'impresa non facile.
Qualcuno ha detto che "essere genitori è a volte più stressante che essere presidente degli Stati Uniti" (*Bill Cosby,* psicologo).
Altri hanno inventato il proverbio: "Figli da educare: ferro da masticare".
È vero: l'educazione è un'impresa seria.
Però possibile. Possibilissima!
Basta trovarne la chiave.
Ebbene, la chiave sono alcuni verbi.
Tutto subito questa risposta può sembrare banale.
In realtà non lo è affatto.
I verbi, lo sappiamo, indicano azione, attività.
Ora l'educazione è, appunto, azione, costruzione: costruzione di un uomo riuscito.
Nelle pagine che seguono troveremo il segreto per muoverci saggiamente in tale costruzione.
Troveremo le azioni (i verbi, appunto!) da compiere per l'impresa più alta e preziosa in terra.
Fabbricare un calcolatore elettronico è grande, andare sulla Luna è meraviglioso, costruire un Uomo è immenso!
Buona lettura!

L'autore

Questo libro

Questo libro nasce da due convinzioni. La prima: i genitori non sono da riformare, ma sono da aiutare; la seconda: la vera rivoluzione parte dall'educazione. Se si riformasse l'educazione, si riformerebbe la Terra.

Questo libro è uno strumento di estrema necessità. L'attuale crisi dell'educazione è di tale portata che obbliga a scrivere pagine come queste.

Questo libro sogna di formare genitori che ancora vogliono far diventare 'grandi' i figli e non solo 'grossi'. Genitori educatori e non solo allevatori!

Questo libro è per chi non ha tempo da perdere, ma vuole subito proposte concrete.

Questo libro è scritto tutto in chiave positiva.

Seminare

"Chi semina chiodi, non vada in giro scalzo"
(Proverbio)

"Seminare" è uno dei verbi più indovinati quando si parla di educazione.
Educare, infatti, è una lunga pazienza: oggi si getta un seme... domani si raccoglierà.

Oggi si getta un seme... domani si raccoglierà.

Hanno trovato, in Egitto, chicchi di grano risalenti ai tempi dei faraoni; qualcuno li ha seminati: dopo pochi mesi, ondeggiavano spighe ripiene di ottimo frumento!
Potenza del seme!
Per questo l'educatore crede nel seme.
Poco, tanto..., non importa: lui semina.
Semina fin dai primi giorni della vita del figlio.
Semina l'amore, perché senza amore non si vive.
Semina il coraggio, perché la vita è sempre in salita.
Semina la speranza, perché la speranza è la spinta per continuare.
Semina l'ottimismo, perché l'ottimismo è il motorino d'avviamento di tutto.
Semina un buon ricordo, perché un buon ricordo può diventare la maniglia a cui aggrapparsi nei momenti di sbandamento.
Semina Dio, perché Dio è il basamento di ogni cosa.
L'educatore semina!
Semina perché il seme è molto più di una speranza: è una garanzia. Lo diceva bene il poeta libanese *Kahlil Gibran*: "La tempesta è capace di disperdere

i fiori, ma non è in grado di sradicare i semi".
Al poeta libanese fa eco il grande scrittore russo *Feodor Dostoevskij*: "Occorre solo un piccolo seme, un minuscolo seme che gettiamo nell'animo di un uomo semplice ed esso non morirà, ma vivrà nella sua anima per tutta la vita; resterà nascosto in lui tra le tenebre, tra il lezzo dei suoi peccati, come un puntino luminoso, come un sublime ammonimento".
D'accordo al cento per cento!
Insomma, il bravo educatore è un buon seminatore.
Seminare è **il suo primo dovere**.
San Bonaventura diceva: "Il merito non sta nel raccogliere molto, ma nel seminare bene".
Seminare è **la sua prima responsabilità**.
Il proverbio recita: "Chi semina chiodi non vada in giro scalzo".
I cinesi hanno questa bella immagine: il bambino è come un foglio bianco, tutti quelli che gli passano vicino gli lasciano un segno, gli gettano un seme.
Dio voglia, sempre un seme di grano buono, mai di zizzania!

Il merito non sta nel raccogliere molto, ma nel seminare bene.

Seminare: arte da imparare

- *Chi semina ansia, prepara l'uomo pauroso.*
- *Chi semina tristezza, prepara l'uomo pessimista.*
- *Chi semina indulgenza plenaria,*
  prepara l'uomo senza grinta.
- *Chi semina ironia, prepara il timido.*
- *Chi semina urla, prepara l'aggressivo.*
- *Chi semina incoraggiamento, prepara il fiducioso.*
- *Chi semina lealtà, prepara il sincero.*
- *Chi semina il rispetto,*
  prepara l'uomo che non calpesta l'uomo.
- *Chi semina gioia,*
  prepara l'uomo che ringrazia d'esser nato.
- *Chi semina amore,*
  prepara l'uomo che abbraccia il mondo.

Il figlio diventa ciò che gli seminiamo
nella mente e nel cuore.

Alla bottega dei semi

Una volta un ragazzo sognò di entrare in un grande negozio.
A far da commesso dietro il bancone c'era un angelo.
"Che cosa vendete qui?", domandò il ragazzo.
"Tutto ciò che desideri", rispose cortesemente l'angelo.
Il ragazzo cominciò ad elencare: "Vorrei la fine di tutte le guerre del mondo, più giustizia per gli sfruttati, tolleranza e generosità verso gli stranieri, più amore nelle famiglie, lavoro per i disoccupati, e...e...".
L'angelo lo interruppe: "Mi dispiace, ragazzo, ma tu hai frainteso.
Noi non vendiamo frutti, noi vendiamo solo semi".

L'educatore è spargitore di semi.
Tutto parte di lì! Lo dice il canto: "Per fare un albero ci vuole un seme...".
Il bambino di oggi sarà un albero buono o meno buono, a seconda dei semi che, fin dai primi giorni, gli avremo regalato.

Nasce una palma da un seme di 2000 anni fa

La cosa sa di incredibile. Eppure è vera.
Alla fine del Gennaio 2005 un'insegnante d'agraria ha piantato un seme di palma risalente al tempo di Gesù Cristo (la datazione al carbonio 14 ha evidenziato che il seme risale a 1990 anni fa, con un margine di errore di 50 anni: in pratica si è formato tra il 35 a.C. e il 65 d.C.).
Il seme è stato rinvenuto a Masada, fortezza nel deserto che sovrasta il Mar Morto.
Nessuno credeva che da esso potesse germinare qualcosa.
Invece, ecco il miracolo che ha sbalordito l'insegnante: "Sei settimane dopo ho visto spuntare qualcosa dalla terra del vaso nel quale avevo piantato il seme".
Attualmente (Giugno 2005) la palma da datteri è alta una trentina di centimetri ed ha sette foglioline!

Getta un buon seme, ed i miracoli seguiranno!

L'importante è seminare

Semina, semina,
l'importante è seminare.
Semina il tuo sorriso
perché tutto splenda intorno a te.
Semina la tua energia
per vincere la battaglia
quando sembra perduta.
Semina il tuo coraggio
per risollevare quello degli altri.
Semina la tua pace
per intenerire i cuori.
Semina il tuo entusiasmo
per infiammare quello
del prossimo.
Semina la tua preghiera
per ossigenare l'aria.
Semina tutto ciò che
di bello vi è in te.
Semina ed abbi fiducia.
Ogni granellino
darà un sussulto di vita fresca
in un angolo di terra.

Aspettare

"Accellerate i treni e il servizio postale, non me!"

"Aspettare" è un verbo che oggi proprio non piace. La velocità, la corsa, ci sono entrate nelle vene e ci stanno dominando sempre più.
Non è forse vero che non sappiamo più goderci neanche un caffè seduti al tavolo?
Non abbiamo più tempo per assaporare la vita. "Lavoriamo, mangiamo, guadagniamo e spendiamo talmente di corsa che tutto ci scorre addosso senza sapore e senza difesa" (*Massimo Gramellini*, scrittore).
Il guaio è che l'ossessione della velocità ha contagiato anche l'educazione! Tanti, oggi, pensano che essere bambino sia una perdita di tempo; pensano che l'infanzia sia da superare il più presto possibile, per diventare subito adulti.

Per favore, diamoci una calmata! Basta con i troppi bambini che soffrono di ingorgo psichico.

Non lo crederete, eppure è vero: un bambino di terza elementare, stressato da mille impegni ben superiori alle sue forze, alla domanda: "Cosa farai da grande?", ha risposto: "Da grande mi riposo!". Incredibile, eppure, ripetiamo, vero.
Per favore, diamoci una calmata, almeno per rispetto e per amore del bambino!
Basta con i troppi piccoli che soffrono di ingorgo psichico. Piccoli con le teste ben piene, ma per nulla ben fatte.
A tre anni devono leggere, a quattro ballare, a cin-

que suonare, a sei cantare, e poi c'è il corso d'inglese, il corso di judo, di karatè...
Cos'è che non funziona?
Non funziona una cosa sola, responsabile di tutti i pasticci: e cioè l'idea già accennata che l'infanzia sia un periodo inutile della vita e quindi un'età da scavalcare.
Invece no! Decisamente no!

I genitori-turbo sono una vera sventura per i figli.

Essere bambino non è tempo perso. Anzi, proprio l'infanzia è il periodo più decisivo dell'esistenza umana. La nostra vita è come una lunga addizione. Nell'addizione basta sbagliare la somma dei primi numeri per continuare a sbagliare fino alla fine.
Così, pari pari: un'infanzia non riuscita porta ad una vita fallita.
Ormai questo è un principio accettato da tutti. Il bambino è, davvero, il padre dell'uomo.
In Persia circola questo indovinatissimo proverbio: "Se hai piantato un cardo, non aspettarti che nasca un gelsomino". In Svezia dicono: "Ciò che Pierino non impara, Pietro non lo imparerà mai".
Insomma, l'infanzia non si dimentica. I primi anni sono come l'anfora che conserva a lungo, talora per sempre, il primo profumo con cui è venuta a contatto.
La conclusione si impone: buttiamo via, per sempre, l'idea dell'inutilità dell'infanzia.
Qualora ciò avvenisse, scomparirebbero immediatamente due categorie di genitori che sono una vera sventura per i figli: i genitori-turbo e i genitori-taxi.
I genitori-turbo sono i genitori affetti dal "complesso di Mozart". Mozart era un bambino prodigio che a

cinque anni già componeva sinfonie. Se tale era Mozart, così deve essere anche nostro figlio, pensano i genitori-turbo. Ed eccoli investire su di lui i loro sogni, sovente ben superiori alle reali possibilità del piccolo, con conseguenze pesanti: la depressione e la disistima.

I genitori-taxi sono quelli che scorazzano tutto il giorno di qua e di là a portare e a riprendere il figlio a scuola, a danza, a nuoto, al campo sportivo...

No, così non va!

Lasciamo che il bambino sia (non che resti!) bambino; che viva da bambino: che giochi, corra, si imbratti, sogni, fantastichi, rifiuti il brodo e vada matto per le patatine fritte, che creda di toccare la luna con il dito, che creda a Gesù Bambino, a Babbo Natale, che faccia schizzare l'acqua dalle pozzanghere, che si incanti davanti alle bollicine di sapone...

Un bambino tutto bambino oggi, sarà domani un ragazzo tutto ragazzo, un giovane tutto giovane, un adulto tutto adulto.

Bruciare l'infanzia è scardinare la vita!

Lo scrittore cecoslovacco *Franz Kafka* ha un'immagine bellissima: "Lasciate dormire il futuro. Se lo svegliate prima del tempo, otterrete un presente assonnato".

Otterrete un bambino triste, oggi, e un adulto povero, domani.

I fiori artificiali si fanno in un giorno, ma restano sempre senza profumo.

I fiori artificiali si fanno in un giorno, ma restano sempre senza profumo.

Lo sciopero delle piante

Un giorno le piante decisero di fare sciopero. Sciopero bianco. "D'ora in poi, dissero, lavoreremo solo secondo l'orario stabilito. Non faremo neanche quindici minuti di straordinario".
Le più decise erano le piante dell'orto. "Vogliamo maturare secondo il nostro tempo e non prima", protestavano gli zucchini con i peperoncini; le insalate con le patate. "Insomma, perché farci crescere così in fretta?".
Calme calme, le piante fecero il loro lavoro secondo quello che natura stabilisce. Ma gli uomini si impazientirono.
"A Natale con il panettone vogliamo il melone; con lo spumante vogliamo uva fresca abbondante!".
Un bambino sentì e si mise, lui pure, a fare i capricci.
"Mamma, voglio i baffi!".
"Che fretta, ragazzo mio, dà tempo al tempo: crescerai ed i baffi avrai!".
"No, li voglio stasera".
E la mamma dovette correre al negozio a comprare i baffi finti.
"Che bambino impertinente, diceva tutta la parentela radunata per quella sera; vuole capovolgere il mondo: siamo a Natale e lui già si veste da carnevale!".
Laggiù nell'orto le verdure a foglia larga (quelle che hanno le orecchie da elefante) udirono e dissero: "Quando gli uomini capiranno che a correre e precipitare, solo pasticci si possono combinare?".

Che ne pensate?

Che ne pensate dell'opinione che lo scrittore *Luca Goldoni* esprimeva già fin dal 1980?

"Bisognerebbe svitare e rimontare la testa ai genitori: non molto tempo fa smaniarono per i concorsi di bellezza e Luchino Visconti fece il film "Bellissima". Adesso sognano la figlia sul podio. Visconti non ha fatto in tempo a girare "Fortissima".

Bisogna spiegare a questi genitori che se i danesi sono famosi perché hanno inventato il suino-spider, cioè lungo il doppio di quelli normali, così fanno più cotechini, è meno lecito fabbricare le bambine polpose perché così nelle gare di crawl galleggiano meglio. Fomenterò l'insurrezione delle fanciulle-attrezzo; le istigherò a scrivere nella lettera di Natale che si mette sotto il piatto: 'Se sarò buona, non mi manderete più in palestra?'.

Lasciamo che almeno i bambini si inventino la vita come gli piace; capriole e salti mortali siamo già costretti a farne da adulti".

"Se amassimo davvero i nostri figli, non li costringeremmo
a passare le giornate tra scuola, piscina,
lezioni di piano o di violino, palestre, corsi di computer
con il solo scopo di annichilirli".

(Paolo Crepet, psichiatra)

È lecito?

Oggi succede tutto troppo presto ai nostri bambini. Troppo presto assistono a scene di violenza, troppo presto vedono scene erotiche...
"Hanno tre anni o poco più, e davanti ai loro occhi è già passato di tutto. Nella loro mente si è depositato di tutto: le siringhe nei parchi, gli incidenti per la strada, le piaghe dell'AIDS sul viso di un ragazzo. Hanno visto la vita, hanno visto la morte": chi si sfoga in questo modo è la psicologa *Anna Maria Battistin*. Che ne dite?
È lecito sbattere tutto in faccia ai piccoli in modo così brutale?
È vero che oggi vi sono alcuni che pensano che non si deve nascondere nulla, né il proprio corpo né la propria anima. Ma è un dato di fatto che i bambini si sentono feriti nella loro sensibilità, nei loro sentimenti.
Roberto Ossicini, titolare della Cattedra di Psicologia all'Università di Roma, da decenni impegnato nello studio della salute mentale dei bambini, nota che oggi abbiamo "bambini fin troppo sviluppati sul piano intellettivo, relazionale e straordinariamente immaturi su quello affettivo... Bambini a forte rischio di manie ossessive, depressioni, malattie psicosomatiche che una volta non intaccavano l'infanzia".
Non la intaccavano perché il bambino poteva essere bambino, vivere da bambino.

Fare Famiglia

La famiglia e' come il nido dei passerotti.
E' vero che in esso non tutto e' bello:
vi trovi paglia e avanzi ... pero' conserva la vita!

Il figlio per crescere ha bisogno di tre grembi: il grembo materno, il grembo sociale e il grembo familiare.
Il grembo materno, ormai, ha svolto il suo compito.
Del grembo sociale non sempre siamo responsabili.
Del grembo familiare, invece, sì.
Ebbene, il primo regalo che possiamo fare al figlio è il dono della famiglia.
Si noti: diciamo "famiglia", non "casa". Infatti, altro è "famiglia", altro è "casa".
È noto lo spot: "Dove c'è Barilla c'è casa". Esatto! Barilla può fare casa, ma non è detto che faccia famiglia.
A fare casa sono le cose: le pareti, i termosifoni, i mobili, la lavatrice, il tritatutto, le tendine, i letti, i tappeti...
-La famiglia, invece, è un'atmosfera, un clima, un nido fatto di persone che si vogliono bene e si aiutano.
-Famiglia è essere accolto quando ritorni a casa.
-Famiglia è qualcuno che si prende cura di te quando ti ammali, quando perdi la testa e sbandi.
-Famiglia è una sorpresa: un pranzetto speciale per il compleanno, un ricordo portato dalla gita...
-Famiglia è mangiare 'insieme' e non solo 'accanto' gli uni agli altri.

Senza famiglia il figlio è come senza pelle.

-Famiglia è il luogo ove si può ridere quando si ha voglia.
-Famiglia è il luogo ove si è accolti per quello che si 'è', e non per quello che si 'sa', come a scuola, o per quello che si 'fa', come al lavoro.
Questa è la famiglia!
Certo in essa non tutto è perfetto, non tutto è sempre buono. La scrittrice *Natalia Ginzburg* dice che "la famiglia sarà piena di germi e di batteri, però serve alla persona per crescere".
La famiglia è come il nido dei passerotti: in esso non ogni cosa è bella: vi trovi paglia e avanzi..., però conserva la vita! Ed è questo ciò che conta!
Ecco perché il figlio, più che di 'casa'(necessaria, certo, anch'essa!) ha bisogno assoluto di 'famiglia'.
Senza famiglia è come senza pelle: senza difese, senza protezione.
La famiglia è l'anticamera di tutto; l'anticamera della riuscita personale, del successo scolastico, dei rapporti sociali.
È nella famiglia ove si mettono le basi profonde del nostro io psichico che porteremo sempre con noi.
La famiglia ci firma!
Fare famiglia dovrebbe essere sempre il primo proposito all'inizio di ogni giorno.

La famiglia è l'anticamera di tutto.

Bisogno di famiglia

"Da uomini abbiamo bisogno della famiglia: e non è un discorso culturale o ispirato a principi cattolici, ma semplicemente una questione di specie. La specie umana ha bisogno di famiglia. Sia in senso fisico, perché il bambino piccolo non è in grado di sopravvivere da solo, sia nel senso dell'affetto, del sostegno: ed è necessario un lungo periodo di assistenza da parte degli adulti.
Insomma, la famiglia non è un optional. Star bene per il bambino, e diventare grande in maniera corretta, con una mentalità di pace, democratica e tanto affetto intorno, è possibile solo se esiste la famiglia.
Una società pensante dovrebbe far sì che anche nelle scuole si parlasse del valore della famiglia: si discute tanto di sesso e di educazione sessuale, ma non si dice niente ai ragazzi sul cosa vuol dire diventare genitori". (*Fulvio Scaparro,* psicopedagogista)

Tutti a tavola per fare famiglia

Se la sera, come diremo, è il tempo più propizio per fare famiglia, la tavola è il luogo più allegro.
Non è forse vero che mangiare insieme, ridere insieme, sono tra le cose più simpatiche della vita?
La tavola unisce, fa mettere tra parentesi fastidi e preoccupazioni: la tavola fa festa e quindi fa famiglia!
Diceva *Angela Buttiglione*, sposata, con quattro bambini: "Ieri a tavola con mio marito e i figli ero felicissima perché, non so per quale cretinata, siamo scoppiati a ridere tutti quanti fino alle lacrime. Vedere che sei persone, oggi, sono capaci di una così autentica allegria, per me è felicità".
Allora, spingiamo tutti la sedia sotto il tavolo, mettiamoci uno accanto all'altro, uno di fronte all'altro per poterci vedere e godere.
A tavola stiamo rilassati e quieti. Non facciamo 'prediche', tanto meno facciamo l'interrogatorio di sesto grado per indagare su un insuccesso scolastico.
Piuttosto, raccontiamo come è andata la giornata; tutti, a turno, possono parlare, anche il bambino della Scuola dell'Infanzia.
Nessuno dica mai: "Qui comando io! Sta' zitto, tu non capisci niente!".

A tavola si ride. Non controlliamo troppo gesti e frasi; non siamo troppo esigenti sul galateo: interveniamo solo quando è proprio necessario. La famiglia vive più di spontaneità e di allegria che di pulizia!
A tavola non accorgiamoci solo quando la minestra sa di bruciato, ma anche quando è buona, per dire un bel "grazie", un bel "brava!" alla mamma che ce l'ha preparata.
Finito il pasto, diamo tutti una mano per sparecchiare, il più presto possibile, per avere il tempo (almeno al sabato e in vacanza) di giocare a carte, a tombola, agli indovinelli...
Finalmente, se ci è possibile, qualche volta cambiamo tavola: andiamo a sederci alla tavola della pizzeria o di una semplice trattoria. È vero che il portafoglio potrà essere un po' dissanguato, però un grande aiuto alla salute della nostra famiglia è, certamente, assicurato!

Un momento magico per fare famiglia: la sera

C'è un momento particolare che, più d'ogni altro, serve a fare famiglia: è il momento della sera.
Di sera è più facile avere pensieri miti, pensieri di pace.
La sera è benigna, è tenera, è discreta. Per questo è il momento magico dell'incontro e dell'intimità. La sera abolisce le distanze della giornata.
Prima di andare a letto, c'è nell'aria voglia di calore, di affetto, di bontà, di stringersi insieme.
La notte incombe e fa paura. Si desidera qualcuno che ci tenga per mano.
Un papà (le mamme, in fondo, lo fanno già) che accompagna il suo bambino a letto, gli siede accanto, gli parla, prega insieme, avrà con il piccolo d'oggi e con il ragazzo di domani un rapporto stupendo e soddisfacente.
Il calore della sera fa dimenticare le impazienze e le sgridate.
Non sprechiamo la sera!
Don Bosco, che di educazione si intendeva, ha capito che le ore della sera sono importanti. Per questo ha voluto la 'Buona notte', cioè quel discorsetto

affettuoso che nelle case salesiane il direttore rivolge alla sua 'famiglia' per chiudere la giornata.
Non sprechiamo la sera!
Di sera sentono anche i sordi, perché di sera si parla con il cuore.
Di sera i genitori rafforzano la loro più bella e grande potenza: quella dell'abbraccio.
Di sera si costruisce il futuro: le cose dette da un papà e da una mamma prima di addormentarci, non si dimenticano mai, ma ci restano dentro per tutte la vita.
Non sprechiamo la sera!
I genitori che rincalzano le coperte ai loro bambini e li baciano prima che scivolino nel sonno, non solo mantengono la giusta temperatura alla famiglia, ma fanno sì che la terra continui ad essere abitata da uomini che ancora conoscono la tenerezza ed i sentimenti, abitata da uomini che non sapranno solo accumulare, ma anche ardere!

Le famiglie cristiane

Le famiglie cristiane non hanno, apparentemente, nulla di particolare che le distingue dalle altre famiglie. Possiedono la televisione, il frigorifero, la lavatrice...; vivono in case con i termosifoni, la cucina a gas o a metano... Fanno festa ai compleanni, agli onomastici... Se possono, vanno in ferie...
Passano momenti di maretta: i bambini fanno i capricci, i genitori urlano, gli adolescenti sbraitano...
Le famiglie cristiane faticano, lavorano, sudano.
Insomma, famiglie con i piedi per terra, famiglie che si sporcano le mani.
Ma non i cuori! Le famiglie cristiane conoscono la tenerezza e il perdono. Un fatto reale successo alcuni anni fa.
In un villaggio del Libano, dove tutti sono musulmani, alcune persone decidono di farsi cristiane.
Immediatamente per loro si chiudono tutte le porte della comunità. Gli uomini non possono più stare con gli altri uomini in piazza a fumare e chiacchierare; le donne non possono più attingere alla fontana del villaggio.
I nuovi cristiani sono costretti a scavarsi una fontana per conto loro.
Ma accade che, un giorno, la fontana del villaggio si inaridisce e secca.

Allora i cristiani invitano i loro compaesani ad attingere acqua dalla loro fontana.
Fanno di più: sulle loro case appendono un piccolo cartello che dice: "Qui abitano le famiglie cristiane".
E così tutti, anche i più lontani, possono sapere che in quelle famiglie avrebbero trovato un aiuto.
Ecco: le famiglie cristiane conoscono l'Amore, perché sanno che è cristiano solo chi dà una mano.
Le famiglie cristiane non giudicano le altre famiglie, però non hanno paura di imparare dai salmoni che vanno contro corrente; non hanno paura di non accettare le mode dominanti.
Nelle famiglie cristiane non si usano solo parole che piacciono, ma anche parole scomode, parole che salvano: "Dovere. Sacrificio. Grinta. Rispetto. Giustizia. Pace...".
Le famiglie cristiane conoscono una maniglia incrollabile alla quale aggrapparsi nei momenti di crisi: la preghiera.
Le famiglie cristiane sanno di non essere mai abbastanza cristiane. Per questo non hanno atteggiamenti superbi: sono umili e simpatiche a tutti.
Le famiglie cristiane hanno una gran voglia di cantare e di camminare...
Le famiglie cristiane sono un capolavoro di famiglie umane!

La malattia più insidiosa:
la 'sclerocardia' (la 'durezza di cuore')

Vi è un mucchio di teorie sul perché le famiglie oggi non funzionano più.
Dicono che la colpa sia dell'impostazione della nostra società agitata e tesa; che sia della struttura degli alloggi così ristretti da asfissiarti; che sia del lavoro che costringe a staccarti da casa e restare lontano per ore ed ore. . .
Nessuno vuol negare che queste siano ragioni da prendersi nella massima considerazione.
Forse, però, se guardiamo a fondo, la causa più vera delle difficoltà in cui si dibatte la famiglia è un'altra: è una crisi di cuori.
Che importa avere case superaccessoriate con tanto di elettrodomestici, di televisione a colori, di apriscatole, di tritatutto..., se poi per un nulla si urla, si fa il broncio, non si perdona...?
Le famiglie sono ammalate di 'sclerocardia': la malattia della durezza di cuore.
Ognuno ruota su se stesso, chiuso in se stesso.
Il singolare prevale sul plurale: l'io schiaccia il noi.
Ebbene, quando il 'noi' prevalesse sull' 'io', sarebbe una splendida rivoluzione casalinga.
Ne volete le prove?
Quando il marito si mette a vivere al plurale, allora, ad esempio, non allaga più il bagno ogni volta che fa la doccia, perché sa che alla moglie questo proprio non piace; non dissemina più gli indumenti, quando si spoglia prima di andare a letto; non si disinteressa più delle faccende

domestiche; pensa ai figli, anche prima che il campionato di calcio sia finito; elimina l'urlo che dà fastidio a tutti. . .
Anche la moglie, dal momento in cui si mette a vivere al plurale, non accoglie più il marito al ritorno dal lavoro con un fiume di parole, perché sa che questo lo infastidisce non poco; non passa più lunghe ore in chiacchiere al telefono; non impiega più un'ora prima d'essere pronta per uscire; non gli impone la dieta che piace a lei; spegne la luce a letto, anche se mancano poche pagine alla fine del giallo...
E i figli?
Anche i figli saranno rivoluzionati quando capiranno il valore del vivere al plurale.
Allora scopriranno che esistono modi gentili di parlare: "Grazie". "Per favore". "Perdonami". . .
Allora non considereranno più la madre come una serva e il padre come un bancomat...
Allora capiranno che i genitori non hanno necessariamente il cervello da gallina: possono ben azzeccarne qualcuna!
E così l'aria di casa cambia. La famiglia ritorna umana. In essa ora si trovano persone che non vivono più solo 'accanto', ma anche 'insieme'; persone capaci di ascoltarsi, di amarsi per quello che ognuna è, e non per quello che serve o fa.
In tal modo la famiglia cessa d'essere una fabbrica di nevrosi, come lo è tutte le volte che è luogo di ripicca, di predominio, di gelosia, di superbia, di individualismo.
Non è poco! Anzi, è l'inizio di una rivoluzione mondiale! È la qualità dei frammenti che fa la qualità del tutto. Ebbene, la famiglia è un frammento di mondo che ne guida il destino!

La famiglia si accende in cucina

In cucina si sentono gli odori della minestra,
il tintinnio delle pentole, il frizzare dell'olio in padella,
il tremolio del frigorifero...
In cucina c'è il sapore della vita.
In cucina la mamma passa buona parte del suo tempo.
In cucina si parla, si mangia insieme e si urla (a turno!).
In cucina ci si educa l'un l'altro senza pensare
di educare.
In cucina si sente il caldo della famiglia.
La cucina è il nostro domicilio emotivo.
La cucina è il rifugio dalla tempesta.
La cucina è il luogo ove si è trattati meglio
(e dove si brontola di più!).
Una casa senza cucina è come un alveare
senza ape regina.

Amare

"Per cambiare le persone, bisogna amarle.
La nostra influenza arriva solo
fin dove arriva il nostro amore".
(Johann Heinrich Pestalozzi, pedagogista svizzero)

"I bambini di oggi sembrano sapere tante cose - e le sanno - ma sotto il bambino tecnologico c'è quello eterno: il bambino che non può vivere senza l'affetto e l'amore di qualcuno che lo aiuti a crescere": chi parla in questo modo è *Mario Lodi*, uno dei maestri più noti d'Italia del secolo scorso.
Sì, tutti i bambini nascono affamati d'amore; così affamati che se non sono amati, si lasciano morire. Lo provano tristissimi fatti di piccoli che sono morti solo per mancanza d'amore; lo affermano tutti gli psicologi.
Dunque, amare il bambino! Non amarlo è crudeltà. Oggi i ragazzi sono violenti; violenti perché violati! La mancanza d'amore è la prima e più pesante forma di violenza!

Oggi i bambini sono violenti perché sono violati.

Amare il bambino!
Sembra la cosa più naturale del mondo, invece non lo è. Quanti errori si commettono credendo di far del bene!
Aveva ragione il famoso pediatra *Marcello Bernardi*: "Non è vero che i propri figli si amano perché sono i nostri. Si amano perché si impara ad amarli!".
L'amore è un'arte, ci ricordava *Erich Fromm* in un suo celebre libro.

L'amore non è una parola, ma un vocabolario: un insieme di mille gesti, di mille attenzioni.

Ebbene, chi va a scuola per imparare tale arte, viene a sapere tante cose.
Ad esempio, viene a sapere che amare non significa strafare. "La madre troppo valente fa la figlia buona a niente", recita un saggio proverbio. Altri hanno detto: "Volete fare qualcosa di più per i vostri figli? Fate qualcosa di meno!".
Chi va a scuola dell'amore pedagogico impara che amare non è intronizzare il figlio. Ancora *Erich Fromm* avvertiva: "Amare significa sostenere qualcuno, non cadere ai suoi piedi".
Amare non è pensare che sia proibito proibire. Il permissivismo sta all'amore come l'aceto sta al vino. L'amore vero è robusto, esigente. Il padre che ordina al figlio: "Mettiti il casco!", lo sta abbracciando!
Insomma, cos'è l'amore pedagogico?
L'amore non è una parola, ma un vocabolario: un insieme di mille gesti, di mille attenzioni.
Amare è raccontare una fiaba al bambino; è portarlo al circo; è accompagnarlo a letto; è dirgli parole calde; è dargli la spinta sull'altalena; è lasciargli un biglietto sul tavolo prima di partire per il lavoro...
In particolare, amare è accettare il figlio. È dargli la sensazione che si è contenti che ci sia; che sia così com'è: bello o meno bello, maschio o femmina; che la sua presenza non pesa; che lo si vuole fino in fondo, senza condizioni. In una parola, amare è dire: "Tu conti molto per me!".
Amare è rinunciare al possesso del figlio.
I figli sono come le navi: le navi non son fatte per stare in porto, ma per prendere il largo.

Dunque amare è disporsi a tagliare il cordone ombelicale.
La cosa non è per niente facile.
Vi sono genitori che temono che il figlio cresca uomo. Lo vorrebbero eterno bambino, per poter coccolarlo e vezzeggiarlo per tutto la vita. È il pericolo del 'piccinismo'.
Altri cadono nella tentazione del superprotezionismo. "Mettiti la maglia; togliti la maglia; sta' al sole; non stare al sole; a Gennaio non si esce perché fa freddo, a Febbraio c'è il pericolo di raffreddarsi, a Marzo c'è il vento, ad Aprile il primo sole, a Maggio l'allergia...".
Onestamente: si può dire amore tutto questo? Non è più onesto parlare di asfissia, soffocamento, freno?
Amare è altro: è armare il figlio di tutta l'attrezzatura necessaria perché, al più presto, possa gestirsi da solo, camminare sulle proprie gambe, volare con le proprie ali. Chi ama i fiori non li coglie per sé, ma li lascia crescere, liberi e belli, nei campi!
Ecco il vero amore pedagogico!
Se è così, l'augurio più indovinato che possiamo fare ad un bambino non è quello di essere il più bello, il più ricco, il più famoso, ma di essere il più amato. Nel modo giusto.
Allora - solo allora! - ringrazierà d'esser nato.

Quando manca l'amore

Quando manca l'amore la vita psichica viene sconvolta. Succedono fenomeni che ne inceppano lo sviluppo.

Questi i principali.

La regressione. Il ragazzo riprende modi di fare infantili (succhiarsi il dito, bagnare il letto...), con la speranza che, dimostrandosi piccolo, i genitori gli prestino maggiori attenzioni, più interesse e affetto.

Un secondo fenomeno, che può essere causato dalla mancanza di amore, è **l'incubo notturno.** Quando il mondo affettivo del bambino si sfascia, si sfascia tutto: il piccolo non sa più a cosa aggrapparsi. Ed allora eccolo sognare, poniamo, di correre, correre, correre... mentre tutt'ad un tratto la terra gli si spalanca di sotto i piedi; oppure sognare che qualcuno lo stia aggredendo...

Terzo fenomeno causato dalla mancanza di amore è **la crisi depressiva.** Non è forse vero che se non si è più amati da nessuno, vien voglia di andarsene?

Altra conseguenza può essere **la cleptomania.** In questo caso il rubare, l'appropriarsi di qualcosa, può rappresentare una compensazione della mancanza d'amore.

Compensazioni più gravi, ma che possono avere sempre la stessa causa, sono **l'attaccamento all'alcol, alla droga...** Diceva un medico: "La maggioranza degli alcolizzati si sono abbandonati al vizio per superare un turbamento infantile, per cancellare una ferita che si è aperta dentro e non si è più richiusa. Si attaccano al collo della bottiglia perché, da piccoli, non hanno potuto attaccarsi abbastanza al collo della madre".

Persino **l'insuccesso scolastico** può essere causato dal poco amore. È certo che esiste una stretta corrispondenza tra l'intelligenza e l'affettività. Un famoso psicologo inglese, *George Vickers*, ha detto che "la più significativa scoperta della scienza psichiatrica attuale è il potere dell'amore di proteggere e ristabilire la mente".

Amare il figlio significa, in ultima analisi,
insegnargli a camminare da uomo.
Abbiamo imparato o nuotare come i pesci;
abbiamo imparato a volare come gli uccelli,
a solcare gli spazi come le meteore:
quando impareremo a camminare sulla terra
come uomini?
Per imparare a camminare da uomini,
bisogna vedere esseri umani che vivano da uomini.
Questi dovrebbero essere, per definizione,
gli educatori, i genitori.

I lacci della tenerezza

Amare non è adorare il figlio.
I lacci della tenerezza possono essere più pesanti delle catene d'acciaio. L'affetto può travolgere.
Niente è peggio per un bambino che avere la sensazione che suo padre e sua madre gli sono costantemente sottomessi. Non dobbiamo dimenticare che il bambino sa di essere bambino e che, quindi, sente il bisogno di punti chiari di riferimento che gli diano sicurezza e tranquillità.
Ma c'è di più. Il bambino che si accorge della sottomissione dei genitori, alza sempre più il prezzo delle sue richieste. Con fine umorismo, diceva già ai suoi tempi (450-404 a.C.) il generale ateniese *Alcibiade*: "Il mio figlioletto deve essere molto potente, se comanda a sua madre che comanda a me che comando a tutti gli ateniesi".

Rendersi amabili

Amare è rendersi amabili.
L'amabilità è l'aspetto più delicato dell'arte d'amare.
Rendersi amabili vuol dire, infatti, farci simpatici, dare una ripassatina al nostro carattere forse petulante, tor-

tuoso, diffidente, acido, agitato, frettoloso, freddo, variabile, tarantolato, appannato, inchiodato a se stesso... per darci un 'io' festivo, colloquiale, estivo, vibratile e tenero, attento e generoso; un 'io' solare, perché proprio dal sole impara: il sole dà, la luna prende!
Come può un carattere così amabile non essere educatore? Un tal 'io' educa anche senza saperlo, senza volerlo. Contagia. Irradia fattori di crescita.
Incontrare un carattere simile è più che una fortuna: è una benedizione.

Otto figli

Una madre racconta: "Ero andata con il mio bambino di due anni a trovare la nonna e, mentre eravamo lì, è arrivato l'uomo del negozio 'cibi pronti' a portarle il pranzo.
Dopo avermi fatto i complimenti per il mio bambino, l'uomo ha aggiunto che aveva otto figli.
"Otto figli!", ho esclamato. "Voglio tanto bene al mio che non posso immaginare di dividere questo amore per otto!".
"Signora", ha risposto l'uomo, "l'amore non si divide, si moltiplica!".

La più grande disgrazia

"La più grande disgrazia che possa capitare ad una persona è di non essere stata amata a suo tempo.
Allora si porta dentro, tutta la vita, una sorta di vuoto che non riesce a definire, ma che si trascina, di attesa in attesa, di ricerca in ricerca, senza sapere di che cosa.
È la nostalgia di un calore che non c'è stato, è l'angoscia di non essere stato nessuno, di non aver avuto nessuno che gli abbia fatto sentire, col suo amore, che vivere significa essere atteso.
Di qui il non senso di tutto e di tutti.
Noi scopriamo che vale la pena di vivere il giorno in cui sentiamo d'essere qualcuno per qualcuno.
Esistono individui mai nati come 'persona'. La struttura della loro personalità, priva di energie, di sicurezza, di gusto per la vita, resiste fin che può, ma, prima o poi, si spezza , e sperimenta la più dolorosa delle frustrazioni: l'inutilità della propria vita.
E così ci si trova davanti a persone che vivono per forza o per finta".
(*Giuseppe Colombero*)

Parlare

"Non parlare ai figli, e' trattarli da animali domestici".

(Françoise Dolto)

La parola è fondamentale nell'educazione.
È fondamentale almeno per tre motivi.

• Intanto perché è la parola a costruire la prima immagine interiore che il bambino ha di sé.
Quando il piccolo nasce, non sa, ad esempio, se è bello o brutto, se è buono o cattivo, se è intelligente o non intelligente. Il bambino pensa di essere quello che gli altri dicono che sia. Continuate a dire ad un bambino: "Sei antipatico, sei brutto!": il bambino si convincerà di essere antipatico e brutto. Al contrario, ditegli: "Sei uno splendido bambino, farai qualcosa di meraviglioso...": il piccolo si convincerà di avere molte possibilità e partirà col piede giusto.
Insomma, sulle parole degli altri il bambino modella l'immagine del proprio io; immagine che porterà con sé per tutta la vita. Vi sono cicatrici psicologiche contratte nell'infanzia che non si rimarginano più!

• Il secondo motivo per cui parlare è fondamentale è perché le parole trasmettono pensieri, sentimenti, valori.
La parola è il più ricco allattamento psicologico. C'è una differenza enorme tra un ragazzo che sente solo parole come 'mangiare', 'bere', 'vestire'... e quello che sente anche 'pace', 'amore', 'silenzio', 'giustizia', 'Dio'... Il primo penserà che nella vita basta diventa-

Chi ama i fiori non li coglie per sé, ma li lascia crescere, liberi e belli, nei campi!

re 'grosso', il secondo sarà invitato a diventare 'grande'. Potenza delle parole!

• Il terzo motivo dell'importanza fondamentale della parola sta nel fatto che la parola convince.

Le armi possono vincere, la parola può convincere!

A conti fatti, l'educazione non è che parola condivisa.

Ebbene, qui arriviamo al cuore stesso dell'educazione. Educare, infatti, non è comandare, non è castigare (anche se il comando e il castigo ci vogliono): educare è far succedere fatti interiori, è persuadere, è convincere.

Datemi un ragazzo che abbia buone e profonde convinzioni, e mi date un ragazzo educato: un ragazzo che saprà tenere il suo giusto posto anche in una discoteca, anche in un pub.

Davvero: a conti fatti, l'educazione non è che parola condivisa!

Parliamo subito, appena nasce

Nella religione musulmana vi è questa bella e curiosa abitudine: non appena la levatrice ha terminato il suo compito, il bambino viene preso in braccio dal papà che lo solleva fino alla sua bocca; poi, con voce dolce e tenue, gli dice nell'orecchio destro la formula di invito alla preghiera: "Dio è grande! Confesso che non c'è Dio se non Dio. Confesso che Maometto è l'inviato di Dio. Venite alla preghiera!". Sussurrato questo, passa all'orecchio sinistro del bambino per ripetere ancora le stesse parole con l'aggiunta: "La preghiera sta per cominciare!". Curioso, no? E simpatico!

Dunque, parlare subito al bambino appena nasce. Chi insisteva molto a questo proposito era la psicanalista francese *Françoise Dolto*. Sentiamola: "Ciò che i genitori non sanno è che fin dalla nascita, il piccolo dell'uomo è un essere di linguaggio. Perciò, appena il bambino nasce, diamogli il benvenuto. Diciamogli: "ti aspettavamo! Aspettavamo proprio te. Siamo contenti che sia arrivato. Ti ameremo sempre. Vivi!".

Il periodo d'oro

Parliamo al bambino soprattutto tra i due ed i sei anni.

Un bambino troppo teledipendente, a tre anni parla come uno di due.

Questi, infatti, sono gli anni d'oro per insegnargli a parlare. In essi il bambino si costruisce il vocabolario base che conserverà per sempre.

Il piccolo che non impara a parlare da bambino avrà, in seguito, difficoltà mentali e disturbi relazionali.

Ma, attenzione! Il bambino impara a parlare se ci sente parlare e non, ad esempio, se vede la televisione. La dottoressa *Sally Ward,* che è considerata la massima autorità inglese in materia, non ha dubbi: "Un bambino troppo teledipendente parla a tre anni come uno di due. Qualcuno forse dirà che un anno di ritardo è poco. No! È tanto, perché chi è in ritardo con la lingua materna a tre anni, lo potrà essere per tutta la vita".

Dunque, parliamo al bambino. È ovvio: senza soffocarlo, senza annoiarlo; ma parliamo!

Parlare al bambino non vuol dire limitarci a dirgli una o due parole, ma vuol dire formare una frase com-

pleta, grammaticalmente corretta.
Andate dal panettiere? Raccontategli del pane, di quanti tipi di pagnotte si possono trovare...
Passate davanti ad una vetrina? Domandate alla bambina quale abito vi potrebbe andar meglio, quale colore vi sarebbe più adatto...
Insomma, dobbiamo superare il modo di parlare che si riduce ai comandi secchi, rapidi, tassativi.
Non è forse vero che, troppo spesso, con il bambino parliamo così: "Sbrigati! Non toccare. Mangia tutto. Lavati i denti. Chiedi scusa. Non si dà del tu. Non disturbare. Attento che cadi. Te l'avevo detto che cadevi! Copriti. Saluta!..."?
Certo, anche queste sono parole, ma sono parole che non insegnano a parlare.

Il cervello del bambino vuole il mare, non cucchiaini d'acqua.

Per favore, trattiamo meglio la mente del nostro bambino. Il cervello del bambino vuole il mare, non cucchiaini d'acqua; vuole frasi complete, non mozziconi di parole.

L'enorme potere della chiacchierata

Siamo in piazza. Due famiglie si incontrano e, ovviamente, si mettono a chiacchierare del più e del meno. Ad un certo punto il discorso dei papà cade sulla politica, mentre quello delle mamme sulla scuola.
I figli (hanno 8, 10, 13 anni), dopo aver giocato un po', smettono e si avvicinano ai genitori che ancora parlano e danno giudizi sui rispettivi argomenti.
Non è il caso di dire ai ragazzi: "Aprite le orecchie!": i figli sono tutt'occhi e tutto orecchi. Non solo sento-

no, ma, una volta tanto, ascoltano, davvero papà e mamma che, senza saperlo, senza pensarci, sono saliti in cattedra e danno lezione!
Non sanno di insegnare, eppure, mai come in questo momento, sono maestri.
Tutti gli esperti dicono che tante volte si educa quando meno si pensa di educare! È questo il caso delle chiacchierate informali.

Tante volte si educa quando meno si pensa di educare.

Le parole dette spontaneamente, liberamente, rivelano, più di quelle dette dalla 'cattedra', quali sono i nostri pensieri, le nostre opinioni, i valori in cui crediamo: ecco perché hanno un fortissimo impatto sulla mente dei figli.
Il simpatico scrittore *Leo Buscaglia* termina il suo libro "**Papà**" (Mondadori) con alcune frasi che il padre, chiacchierando, di tanto in tanto, lasciava cadere a tavola con una spontaneità tale che sembravano far parte del suo sangue e del suo spirito. Queste frasi hanno costruito nel figlio uno schema morale tale da reggerlo per tutta la vita.
Il padre gli diceva: "È fondamentale amare". "Le persone sono buone se si dà loro la possibilità di esserlo". "Non tradire mai te stesso". "Resta vicino al tuo Dio". "La crudeltà è segno di debolezza"... Parole che hanno bussato e sono passate, indelebilmente, nell'anima del figlio.
Ecco una delle tante prove che le parole, che si sentono meglio, sono quelle che diciamo senza intenzione di farle sentire: le parole delle 'chiacchierate informali', come le chiamano i pedagogisti e gli psicologi.

Il predicatore che predicava a se stesso

Una volta un predicatore andò in una città per convertire i suoi abitanti.
All'inizio tutti lo ascoltarono con interesse, poi molti si stancarono e gli ascoltatori divennero sempre più rari, fino al giorno in cui il predicatore rimase solo.
Eppure ogni mattina e ogni sera egli predicava nella piazza di quella città corrotta.
Un giorno un viaggiatore gli disse: "Ma non t'accorgi che nessuno ti ascolta; perché continui a predicare?".
Il predicatore rispose: "All'inizio speravo di cambiare gli abitanti di questa città; ora predico per impedire a loro di cambiare me!".

Se scompaiono le parole, scompaiono anche i pensieri; se dimentico le parole, dimentico le idee.
Continuare a dire parole buone, parole alte, è la prima condizione per ricordarci che esiste il bene, che esiste l'alto.
Lo scrittore inglese Oscar Wilde aveva tutte le ragioni a sostenere che "quando gli uomini smettono di dire cose belle, smettono anche di pensarle".

Il decalogo delle parole

1 Prima di parlare controlla che il cervello sia inserito.

2 Non parlare di te: lascia che siano gli altri a scoprirlo.

3 Regala parole buone: la scienza sta ancora cercando una medicina più efficace delle parole buone.

4 Non dire tutto ciò che pensi, ma pensa a tutto ciò che dici.

5 Adopera ragioni forti con parole dolci.

6 Quando parli, pensa all'insalata: è buona se ha più olio che aceto.

7 Non basta parlare: bisogna comunicare. Chi parla difficile non comunica.

8 Ascolta! Ascoltare è la forma più raffinata di parlare.

9 Quando senti altrui mancamenti, serra la lingua tra i denti.

10 Parla per ultimo: sarai ricordato per primo.

Parole che risuscitano

Madre Teresa di Calcutta fu apostrofata in pubblico da un contestatore:"Che cos'è la sua carità? Cosa crede di fare in India? Meno che una goccia nell'oceano. Basta con la carità, ci vuole giustizia!".
Al che Madre Teresa, con serenità, rispose: "È vero: quello che facciamo è nulla. Quando ho cominciato non ho pensato tanto. Mi ero trovata per strada di fronte ad un uomo rannicchiato per terra, scheletrito dalla fame, col respiro impercettibile. Non potevo neppure rimuoverlo.
Mi sono chiesta, allora, che cosa potevo almeno dirgli, qualche parola che quel uomo non avesse mai sentito in vita sua che lo consolasse prima di morire.
Gli ho preso delicatamente il volto tra le mani e gli ho sussurrato all'orecchio: "Ti voglio bene!".
Mi sorrise... e morì.
Non dimenticherò mai quel sorriso risuscitato da quelle tre parole!".

Risplendere

"La parola e' suono,
l'esempio e' tuono".
(*Ippolito Nievo*)

Educare non è salire in cattedra, ma è tracciare un sentiero. Educare è essere ciò che si vuole trasmettere. Educare è risplendere!
Aveva ragione lo scrittore *Ippolito Nievo* a dire che se "la parola è suono, l'esempio è tuono".
L'esempio ha una forza pedagogica straordinaria, almeno per quattro ragioni.
*Intanto perché i figli imparano molto di più spiandoci che ascoltandoci. È un dato di fatto che i ragazzi sono sempre tutt'occhi. I genitori, forse, non se ne accorgono neppure, intanto i figli fotografano e registrano. (A proposito si legga la meravigliosa testimonianza di una figlia, ormai adulta, nel riquadro "Gli occhi dei figli non smontano mai di guardia" a pag. 48).
*L'esempio ha valenza pedagogica, poi, perché ciò che è visto compiere da altri è un invito ad essere imitato, è un eccitante per l'azione.

Essere ciò che si vuole trasmettere!

Gli studiosi ci dicono che quando, per esempio, vediamo una persona muovere un braccio, camminare, saltare..., nel nostro cervello vengono, istintivamente, messi in moto gruppi di cellule (i '*mirror neurons*' o 'neuroni specchio') che spingono a ripetere ciò che si è visto.
*La terza ragione della forza pedagogica dell'esem-

pio sta in questa verità che i bravi insegnanti conoscono bene: "Se sento, dimentico. Se vedo, ricordo. Se faccio, capisco".

"Se vedo, ricordo".

Dentro ognuno di noi sono memorizzati mille gesti dei nostri genitori: è bastato vedere il loro comportamento, per non poterli più dimenticare.

L'attrice *Monica Vitti* confessa: "Il rapporto con mia madre è stato determinante. A lei devo tutta la mia forza e il mio coraggio, la serietà e il rigore che ho applicato nei confronti del mio lavoro". A sua volta, *Enzo Biagi* confida: "Di mio padre ricordo la grandissima generosità, l'apertura e la sua disponibilità verso tutti... Non è mai passato un Natale, e il nostro era un Natale modesto, senza che alla nostra tavola sedesse qualcuno che se la passava peggio di noi... Non è mai arrivato in ritardo in stabilimento. E io ho imparato che bisogna fare ogni giorno la propria parte". Il papa *Paolo VI*: "A mio padre devo gli esempi di coraggio. A mia madre devo il senso di raccoglimento, della vita interiore, della meditazione".

Vi sono persone la cui sola presenza costituisce già un'elevazione.

Occhio agli esempi, dunque! È l'avvertimento che ci invia, inconsciamente, *Marco* (otto anni): "Io da grande mi voglio sposare perché così mia moglie mette sempre in ordine la casa e io non mi stanco. Non aiuterò mia moglie perché sono un maschio".

Le testimonianze riportate sono la prova che i passi del padre e della madre fanno l'andatura del figlio.

Le testimonianze riportate provano che vi è un insegnamento di tipo emanatorio: vi sono persone la cui sola presenza costituisce già un'elevazione!

Ma, soprattutto, le testimonianze riportate ci lanciano la domanda più seria tra tutte: "I figli ci guardano: che cosa vedono?".

*Finalmente, l'esempio è decisivo perché è proprio l'esempio a dare serietà alle parole. Si può dubitare di quello che uno dice, ma si crede a quello che uno fa.

A questo punto è facile concludere: educare è non offendere mai gli occhi di nessuno!

Il grande scrittore russo *Feodor Dostoevskij* ci ha lasciato un messaggio pedagogico straordinario: "Io mi sento responsabile, non appena uno posa il suo sguardo su di me". Magnifico!

Beati i figli che hanno più esempi che rimproveri.

Beati i figli che hanno genitori che fanno il bene prima di parlarne.

Beati i figli che hanno genitori le cui parole d'oro non sono seguite da fatti di piombo!

Beati i figli che hanno più esempi che rimproveri!

"Ciò che sei,
parla più forte di ciò che dici".
(Ralph Emerson)

Gli occhi dei figli non smontano mai di guardia

Ecco come una figlia, ormai adulta, ringrazia la madre per le cose che ha fatto quando pensava di non essere vista.

"Quando pensavi che non ti stessi guardando, hai appeso il mio primo disegno sul frigorifero e ho avuto voglia di stare a casa nostra per dipingere.

Quando pensavi che non ti stessi guardando, hai dato da mangiare ad un gatto randagio, ed allora ho capito che è bene prendersi cura degli animali.

Quando pensavi che non ti stessi guardando, hai cucinato apposta per me una torta di compleanno, ed ho compreso che le piccole cose possono essere molto speciali

Quando pensavi che non ti stessi guardando, hai recitato una preghiera e io ho cominciato a credere nell'esistenza di Dio con cui si può sempre parlare.

Quando pensavi che non ti stessi guardando, mi hai dato il bacio della buona notte e ho capito che mi volevi bene.

Quando pensavi che non ti stessi guardando, ho visto le lacrime scorrere dai tuoi occhi e ho impa-

rato che, a volte, le cose fanno male, ma piangere fa bene.
Quando pensavi che non ti stessi guardando, hai sorriso e ho avuto voglia di essere gentile con te.
Quando pensavi che non ti stessi guardando, ti sei preoccupata per me e ho avuto voglia di diventare me stessa.
Quando pensavi che io non ti stessi guardando, io guardavo ed ora ti ho voluto dire grazie per tutte quelle cose che hai fatto quando pensavi che non ti stessi guardando".

Il musicista

C'era una volta un musicista che suonava da vero artista uno strumento.
La musica rapiva la gente a tal punto che si metteva a danzare.
Per caso un sordo, che non sapeva nulla della musica, passò di là e, vedendo tutta quella gente che ballava con entusiasmo, si mise, lui pure a danzare!
La vista persuade più dell'udito.

Gandhi e la ragazza golosa

Una volta una madre, preoccupata per la figlia che aveva preso la brutta abitudine di abbuffarsi di dolci, si recò da Gandhi.
Lo scongiurò: "Per favore, Mahatma ('grande anima'), parla tu con mia figlia in modo da persuaderla a smettere con questo vizio. Accetti?". Gandhi rimase un attimo in silenzio un po' imbarazzato, poi disse: "Riporta qui tua figlia tra tre settimane, allora parlerò con lei: non prima".
La donna se ne andò perplessa, ma senza replicare. Tornò, come le era stato proposto, tre settimane dopo, rimorchiandosi dietro la figlia, golosa insaziabile.
Stavolta Gandhi prese in disparte la figlia e le parlò dolcemente con parole semplici e assai persuasive. Le prospettò gli effetti dannosi che possono causare i troppi dolci. Quindi le raccomandò una maggior sobrietà. La madre, allora, dopo averlo ringraziato, nell'accomiatarsi, gli domandò: "Toglimi una curiosità, Mahatma... Mi piacerebbe sapere perché non hai detto queste cose a mia figlia tre settimane fa...". "Tre settimane fa, rispose tranquillamente Gandhi, il vizio di mangiare dolci l'avevo anch'io".

Prima di parlare occorre chiedere il permesso all'esempio!

I figli ci guardano: che cosa vedono?

I figli ci guardano quando predichiamo acqua e poi beviamo vino.

I figli ci guardano quando diciamo d'essere pacifisti e poi, per una stupidaggine, litighiamo con il vicino.

I figli ci guardano quando diciamo di amare la loro madre e poi ci sentono urlare perché la bistecca è dura.

I figli ci guardano quando compriamo le riviste ecologiche e poi gettiamo a terra il pacchetto di sigarette vuoto.

I figli ci guardano quando esaltiamo la sincerità e poi ci vendiamo per la carriera.

I figli ci guardano andare in chiesa la domenica e poi ci sentono bestemmiare il lunedì.

I figli ci guardano quando diciamo che nella vita conta solo l'amore e poi viviamo solo per il sesso e il denaro.

Teniamo presente lo sguardo muto dei figli, il loro muto giudizio: ci possono risparmiare tante nefandezze.

Il David di Michelangelo e i genitori

Tutti conosciamo il famosissimo David di Michelangelo Buonarroti.
Una statua straordinaria, quasi perfetta che, nonostante i suoi 500 anni, continua ad incantare.
La nascita di tale capolavoro è interessante.
Dunque, c'era una volta un enorme blocco di marmo che giaceva abbandonato da 40 anni, da quando, l'aveva abbozzato l'artista Agostino di Duccio per farne un gigante. Ma l'impresa non riuscì.
Il blocco, allora, venne assegnato ad un altro artista del tempo, Antonio Rossellino, ma, anche questa volta senza fortuna.
E così quella colossale massa di marmo rimase nel cortile del Duomo di Firenze, finché, nell'Aprile del 1501, la vide il giovane Michelangelo.
La squadrò, la fissò, la palpò e vi scorse dentro una statua meravigliosa.
Si mise al lavoro e, colpo dopo colpo, il capolavoro prendeva forma.
Finalmente, dopo tre anni, il capolavoro era terminato.
Potenza creatrice del genio!
Ebbene, l'opera dei genitori è come quella di Michelangelo: far emergere l'Uomo che si nasconde nel bambino!
Opera che richiede non meno genio di quella dell'artista.
Un giorno il noto *Piero Angela* ha fatto questa considerazione: "Il figlio è, in buona parte, 'composizione' dei genitori, per la quale occorre altrettanto talento di quanto può occorrerne ad un artista per realizzare una creazione personale. E forse di più".
D'accordo! Impiantare un Uomo riuscito richiede più genialità (ed impegno!) che scalpellare il David!

Tifare

"Credendo nei fiori si fanno sbocciare".

(Proverbio cinese)

Sì, avete letto benissimo: un verbo fondamentale dell'arte di educare è 'tifare'.
Tifare per il figlio.
Ogni bambino nasce ricco. Arriva sulla terra con quei preziosi trecento grammi di cervello che gli danno possibilità pressoché infinite.
Se utilizzassimo a pieno il nostro cervello, salterebbero tutte le scale per misurare l'intelligenza, tutti i test mentali. Il cervello ha la capacità di immagazzinare dieci fatti nuovi al minuto secondo, può accogliere una quantità di informazioni pari a centomila miliardi! Se fosse un calcolatore elettronico, per farlo funzionare occorrerebbe, nientemeno, che tutta l'energia prodotta dalle cascate del Niagara!
Questo per il solo cervello. E che dire della capacità di fantasticare, di immaginare, di creare, che risiede nella mente di un bambino? Più ancora, che dire della ricchezza del cuore che saprà amare? E della bocca che arriverà a parlare, a pregare?
Ecco il bambino: un orizzonte di possibilità incalcolabili!
Ho, dunque, tutte le ragioni per essere tifoso del figlio.
Chi tifa per una squadra, desidera che vinca, ma non può entrare in campo: deve lasciare ai giocatori il compito di condurre la partita.
Così nell'educazione: deve essere lui, il figlio, a costruirsi la

Il bambino è un orizzonte di possibilità pressoché infinite.

vita; non posso sostituirlo, non posso prendergli il posto. Però posso stimolarlo; però posso incoraggiarlo. Per questo gli faccio tifo!

-Tifo perché il tifo passa entusiasmo. E chi ha entusiasmo ha grinta da vendere.

-Tifo perché la correzione può fare molto, ma l'incoraggiamento fa di più.

-Tifo perché il tifo gli rivela energie nascoste. E questo è un dono straordinario. Lo sosteneva con tutte le ragioni il filosofo francese *Louis Lavelle* : "Il maggior bene che possiamo fare agli altri non è comunicare loro la nostra ricchezza, bensì rivelargli la loro".

"Il maggior bene che possiamo fare agli altri non è comunicare loro la nostra ricchezza, bensì rivelargli la loro".
(Louis Lavelle)

-Tifo perché se prendiamo l'uomo per quello che è, lo lasciamo stare così com'è; se lo prendiamo per quello che dovrebbe essere, lo facciamo diventare quello che può diventare.

A proposito di ciò che stiamo dicendo, i cinesi hanno uno stupendo proverbio: "Credendo nei fiori, sovente si fanno sbocciare".

Gli psicologi, invece, parlano di 'effetto Pigmalione'. Secondo la leggenda, Pigmalione era un mitico re di Cipro che aveva il dono della scultura. Un giorno scolpì, in bianchissimo avorio, una figura di donna talmente bella che desiderò diventasse sua moglie. Pregò, allora, gli dèi di trasformarla in donna. Gli dèi lo esaudirono, e Pigmalione sposò la statua trasformata in bellissima carne.

Ecco: il desiderio, l'occhio buono, l'aspettativa, riescono a dar vita anche all'avorio, anche alle pietre.

È provato che gli insegnanti che credono nei loro ragazzi, che attendono tanto da essi, hanno, come

risposta, prestazioni superiori a quelle date ad insegnanti pessimisti, freddi, poco fiduciosi.
È la triste prova del fatto che chi stima corto l'ingegno di una persona, glielo accorcia ancor più; ma è anche la simpatica conferma del proverbio cinese: "Credendo nei fiori, si fanno sbocciare".

Un magnifico esempio di tifo pedagogico

Un grande maestro di chitarra, *Doc Watson,* era diventato cieco da quando aveva appena due anni.
I suoi familiari, però, non gli diedero mai la sensazione di essere un minorato.
"I miei fratelli mi portavano fuori a giocare con loro", ricorda. "Io mi arrampicavo sugli alberi e cadevo come tutti gli altri. Imparai così il concetto di spazio e a trovare le cose orientandomi sull'eco dei suoni".
Suo padre ebbe un'importanza speciale nell'aiutarlo ad aumentare la fiducia in se stesso.
"Avevo undici anni", ricorda ancora Watson, "poco prima che la chitarra entrasse nella mia vita. Papà mi porse un piccolo 'banjo' e mi disse: 'Prendi, figliolo. Se imparerai a suonare bene questo strumento, potrà aiutarti ad affrontare il mondo'.
Invece di relegarmi in un angolino dicendomi: 'Figlio mio, sei un povero cieco', mi lanciava delle sfide. Tifava per me!".

Il mondo a posto

Un padre è continuamente disturbato nel lavoro dal proprio bambino.
Per salvarsi, decide di prendere da un vecchio atlante un foglio dove c'è tutto il mondo, con gli Stati, le città... Lo fa in piccoli pezzi che consegna al figlio perché li rimetta in ordine. "Ci metterà molto tempo", pensa.
Macché, dopo tre minuti il bambino torna con il mondo messo in ordine perfettamente.
"Come hai fatto, così in fretta?".
"Semplice, papà: sul rovescio era disegnato un uomo; ho messo a posto l'uomo e il mondo è andato a posto da sé!".
Metti a posto l'uomo e il mondo va a posto!
Ma cos'è che mette a posto l'uomo? Non c'è che una via: l'educazione!
Diceva bene il filosofo *Gottfried Leibniz:* "Se si riformasse l'educazione, si riformerebbe il mondo".

Rallegrare

"Genitori, vi ordino: siate felici!".
(*T. Berry Brazelton*)

Guai a togliere la gioia dall'educazione!
Dopo il gusto del latte, il bambino deve subito provare il gusto della vita.
La pedagogista *Elisabetta Fiorentini* non ha dubbi: "La gioia per un bambino è importante come il pane e la conoscenza, se non di più".
I piccoli sentono la gioia come la cosa più naturale del mondo. Ce lo dice *Riccardo* (sette anni): "In auto dobbiamo essere bravissimi, altrimenti sono guai. In auto i miei genitori sono molto nervosi, soprattutto se c'è nebbia. Mio padre tira fuori una cartina dal cassettino e la butta dietro dove siamo noi, per farci star calmi. Non possiamo *neppure* ridere!".
Ridere!
La gioia è un valore carico di ogni ben di Dio: aiuta la digestione, stimola il cuore, attiva le regioni creative del cervello, mantiene i riflessi pronti...
Uno dei più intelligenti ed originali studiosi del secolo scorso, *Teilhard de Chardin*, è arrivato a dire che "la gioia di vivere è la più grande potenza cosmica". Il notissimo pedagogista statunitense *T. Berry Brazelton* è giunto, addirittura, a comandare: "Genitori, vi ordino: siate felici!". "Siate felici" perché la gioia è educativa per natura sua. La gioia ci migliora sempre, mentre la tristezza ci peggiora sempre. *Baden Powel*, il fondatore dello scoutismo, notava che "un sorriso

Dopo il gusto del latte, il bambino deve subito provare il gusto della vita.

fa fare il doppio di strada di un brontolio", ed aggungeva: "fino a qualche tempo fa ho creduto nella verità del detto 'un bastone ed un sorriso possono superare qualunque difficoltà', ma poi la mia ulteriore esperienza mi ha rivelato che, in genere, si può lasciare a casa il bastone".

D'altronde già *Platone* (427-347 a.C.) diceva: "Non costringete i ragazzi ad imparare con la violenza e la severità, ma guidateli per mezzo di ciò che li diverte".

Oggi vi sono psicologi e medici che propongono la 'risoterapia': la cura dei mali grazie alla risata. Perché non propagandare anche la 'risopedagogia'?

Dunque, genitori, ridete! L'educazione non deve essere un lavoro forzato. Per favore, ridete! Genitori (ed educatori) lagnosi, sono sempre disastrosi!

Perché non propagandare la 'risopedagogia'?

Ma che fare, in concreto?

Proponiamo tre sole piste, quelle che ci sembrano più urgenti e necessarie oggi.

Seguiteci.

Non complichiamoci la vita

Oggi i libri, le riviste, la televisione, stabiliscono come deve comportarsi il bambino: alle 9,15 il bagnetto, alle 14 la passeggiatina; dopo tanti minuti dal pasto, lo sbadiglio, poi il ruttino, poi il sonno...

E tanti genitori abboccano... "Il mio ritarda a fare il ruttino: sarà ammalato?"...

Suvvia, siamo saggi! Non crediamo più di tanto a quello che ci dicono gli psicologi e i testi: corriamo il pericolo di perdere di vista il bambino.

Come ci insegna questa storiella orientale. Una sera un signore voleva far vedere la luna agli amici, perché era tanto bella. La indicava con il dito, ma tutti guardavano il dito, invece di guardare la luna!
I libri, gli psicologi sono come il dito: non fermiamoci ad essi. È il bambino che conta. Vi sono genitori che hanno studiato pochissimo ed hanno capito moltissimo. Sono quelli che hanno semplicemente guardato il loro bambino con molto buon senso, senza tante ansie e preoccupazioni.
Bene!

Liberiamoci dalle nostre catene mentali!

Liberiamoci dai complessi

I 'complessi' sono ossessioni, manie, fissazioni, che occupano così tanto la nostra mente da chiuderla e bloccarla. In altre parole, i complessi sono come manette mentali che ci impediscono di avere uno sguardo sereno, libero e vasto.
È vero che la parola 'complesso' può essere definita anche in altri modi, però qui, parlando di educazione, ci pare buona la definizione data.
Ebbene, i genitori patentati si tengono ben alla larga da alcuni complessi che possono rovinare tutto, a cominciare dalla gioia dei figli.
Ecco quelli che ci sembrano i più diffusi e pericolosi, oggi.

Complesso di 'Mastro Lindo'.

È tipico della mamma che ha la fissa della pulizia: pensa più al pavimento pulito che al bambino.
È tipico della moglie che si impegna di più a lavare la biancheria che a preparare un buon pranzo al marito.

Complesso del 'Padreterno'.

È tipico del padre che si crede infallibile. Lui non sbaglia mai, lui ha sempre ragione. "Qui comando io!" è il suo ritornello preferito. Poveri figli costretti a vivere con un tale papà: si sentono schiacciati da tanta perfezione. E poveri mogli! È pericoloso sposare un marito santo. I mariti santi fanno le mogli martiri!

Complesso del bagnino

Perché farci del male da soli? Educare è già difficile di per sé, non è il caso di complicarlo ancor più?

Il bagnino, si sa, ha sempre paura che qualcuno anneghi. Così i genitori con tale complesso temono sempre che il bambino stia correndo qualche pericolo. Per questo non lo lasciano respirare, lo asfissiano di assistenza. Hanno tale complesso i genitori-vinavil che abitano troppe case d'Italia e spengono a troppi figli la gioia di muovere, di pasticciare... La gioia di vivere.

Complesso dell'autodromo

Il figlio deve superare gli altri, deve essere sveglio, non deve perdere tempo. Quindi, come già dicevamo, a tre anni deve leggere, a quattro ballare, a cinque suonare, a sei cantare... Il complesso dell'autodromo è il padre dei genitori-taxi, sempre impegnati a trasportare il figlio da un Corso all'altro.

Che dire? Infelici bambini derubati del gioco, derubati dell'infanzia!

Complesso del figlio capolavoro

È quello dei genitori che pensano di avere in casa un Platini, una Fracci, un Tomba... Perciò si attendono moltissimo dal figlio il quale, non sempre riesce a realizzare attese così alte.

Ed eccolo depresso, tormentato da sensi di colpa.

Genitori, per favore, buttiamoli via i complessi!

Liberiamoci dalle nostre catene mentali che incatenano i figli e ci rendono insopportabile la vita. Perché farci del male da soli? Educare è già difficile di per sé, perché complicarlo ancor più?

Impariamo il decalogo della gioia dettato dal figlio

I genitori non trovano mai il tempo per leggere a lungo. Non hanno tutti i torti.

Perciò abbiamo cercato di concentrare in un decalogo le tante cose che si potrebbero dire sul dovere di regalare la gioia ai nostri bambini.

È il decalogo che uno di essi ha preparato per voi. Leggiamolo al rallentatore.

1 Non giratevi a rimpiangere i mulini bianchi; a rimpiangere i tempi in cui gli alberi servivano a fare gli zoccoli, i tempi in cui il cinema era muto e la televisione non c'era. Chi guarda troppe volte il passato, muore in anticipo, e non lascia godere la vita a chi è appena approdato sulla terra.

2 Potete veder nero solo quando è buio! Con il pessimismo non si va da nessuna parte. Non vi è mai stato un pessimista che abbia fatto un buon lavoro per l'umanità.

3 "Ti voglio bene". "Sei straordinario!": ditemelo spesso.

4 "Non ho tempo". "Lasciami in pace": ditemelo pochissime volte.

5 Quando arriva il circo, andiamo tutti insieme a goderci lo spettacolo.

6 E lasciatemi giocare! Bimbo che non gioca, gioia ne ha poca.

Per far felice un bambino non è necessario possedere la laurea in pedagogia.

7 Non mandatemi a letto: accompagnatemi.
8 La mia felicità non sta nei fornelli, né nella macchina lunga di qui a là: la mia felicità sta in un abbraccio, in un po' di attenzione.
9 Fatevi la lista delle cose fastidiose che vi siete inflitti nell'ultimo mese e di cui ora ridete. Dunque era da saggi tarantolarvi così tanto?
10 Di tanto in tanto fatemi una sorpresa. Le belle sorprese funzionano sempre: a me piacciono come la neve che cade dal cielo!
Ecco le richieste del nostro bambino.
Richieste impossibili, inattuabili?
No, affatto!
Per far felice un bambino non è necessario possedere una laurea, avere competenze particolari: basta un po' di impegno. Impegno che ci ripagherà come nessun altro.

Un padre ed una madre che fanno felice il figlio, mettono la 'G' maiuscola al loro essere 'genitori'.

Un bambino felice si ammala di meno, è meno capriccioso, sfrutta meglio l'intelligenza, è più socievole, è più ottimista, parte con la marcia giusta per la vita, è destinato a vivere più a lungo.
Che cosa si può pretendere di più?
La risata del bambino è la melodia più dolce del mondo!
Far felice un bambino eleva l'uomo: lo fa grande.
Un padre ed una madre che fanno felice il loro figlio mettono la 'G' maiuscola al loro essere 'genitori'.

Meglio felici che famosi

Alcuni anni fa una seria indagine che ha coinvolto migliaia di mamme con almeno un figlio tra i 6 ed i 14 anni ha dato risultati sorprendenti. Il 7% delle mamme sognano un figlio calciatore; il 49% lo desidera attore; il 44% presentatore televisivo; il 35% imprenditore. Queste le risposte per i figli maschi.
Per le figlie le cose non cambiano: il 64% delle mamme le vogliono cantanti; il 56% presentatrici televisive; il 43% ballerine tv / show girl; il 39% attrici / modelle; il 22% buone mamme e buone mogli.
Dunque figli emergenti, figli di successo, prodotti-capolavoro, da mostrare al mondo intero.
Alle lauree, oggi si preferiscono stadi e sponsor, studi televisivi e paparazzi.
Che dire?
Una cosa sola: è molto pericoloso riversare sui figli aspettative troppo alte.
Pericoloso per noi, in quanto le attese troppo alte si trasformano in delusioni.
Pericoloso, poi, per il figlio il quale può sentirsi in colpa perché non in grado di realizzare i nostri sogni; può cadere in depressione; può sprecare il tempo più bello della vita ad inseguire mete impossibili.
Non è infinitamente meglio un figlio felice, oggi, che un improbabile uomo famoso domani?

Non perfetti ma felici

Erano due cisterne a distanza di qualche decina di metri.
Si guardavano e, qualche volta, facevano un po' di conversazione.
La prima cisterna era perfetta. Le pietre che la formavano erano salde e ben compaginate. A tenuta stagna. Non una goccia della preziosa acqua era mai stata persa per causa sua.
La seconda, invece, presentava fenditure, come delle ferite, dalle quali sfuggivano rivoletti d'acqua.
La prima, fiera e superba della sua perfezione, si stagliava nettamente. Solo qualche insetto osava avvicinarsi o qualche uccello.
L'altra era coperta di arbusti fioriti, convolvoli e more che si dissetavano all'acqua che usciva dalle sue screpolature. Gli insetti ronzavano continuamente attorno a lei e gli uccelli facevano il nido sui bordi.
Non era perfetta, ma si sentiva tanto felice.
(*Bruno Ferrero*)

Dare sicurezza

"Se avete 40 anni, non comportatevi come se ne aveste 16".
(Charles Galea)

I figli hanno tre bisogni fondamentali: bisogno di sazietà (bisogno di cibo), bisogno di calore (bisogno d'amore), bisogno di sicurezza (bisogno di fermezza). Qui limitiamo il nostro discorso a questo terzo bisogno. A proposito, la psicologa *Jacqueline Renaud* è molto esplicita: "I vantaggi della fermezza non hanno bisogno d'essere dimostrati: essa favorisce la costruzione di una forte personalità e l'acquisizione dell'autonomia. Nella prima infanzia, poi, ha un ruolo particolarmente intimo e importante, perché aiuta il bambino a difendersi dall'ansia".

Essere amichevoli sta bene, ma un confine ci vuole!

Venendo subito al pratico (secondo lo stile di queste pagine), vediamo in che modo possiamo offrire sicurezza.

- Innanzitutto col metterci un gradino più alto del figlio.

Il rapporto genitore-figli è pedagogicamente accettabile se è a-simmetrico, cioè se non ci si pone tutti sullo stesso piano.

Essere amichevoli sta bene, ma un confine ci vuole. "Oggi, invece, i genitori giovanilizzano, i maestri bamboleggiano, i sacerdoti recitano il *mea culpa*", sostiene il sociologo *Franco Garelli*. Dello stesso parere è l'insegnante *Mario Lodi* che già conosciamo: "Mentre una volta erano i figli ad avere paura dei genitori, oggi sono i genitori ad avere paura dei figli".

Forse sono giudizi esagerati, però significativi di una mentalità che pare prenda sempre più piede.

Per questo arriva quanto mai opportuno il richiamo di *Charles Galea,* che per molti anni si è occupato di ragazzi difficili nei riformatori degli Stati Uniti: "Se avete 40 anni, non comportatevi come se ne aveste 16. I vostri figli vogliono qualcuno da rispettare. Forse non hanno il coraggio di dirvelo, ma non ci sono dubbi su quello che pensano: 'comportatevi da genitori, non da coetanei'".

I figli vogliono qualcuno da rispettare.

- Altra via che offre sicurezza ai figli è quella delle norme, delle regole.

Uno tra i massimi pedagogisti statunitensi dei nostri giorni, *T. Berry Brazelton,* ci manda a dire: "Qualunque età abbia vostro figlio, gli fate un gran bene e gli dimostrate quanto lo amate ogni volta che gli imponete delle buone regole di disciplina. Un bambino viziato non è un bambino felice. È soltanto uno che passa di esperienza in esperienza. La vostra disciplina non è segno di rigore, ma di dolcezza".

- Finalmente, una terza strada che offre sicurezza è quella della lode.

Dire "bravo", "bene", "mi piaci come fai"..., rinforza l'io del figlio, molto più che non un rimprovero: il rimprovero, infatti, è un rinforzo negativo, mentre la lode è un rinforzo positivo!

Dunque, e se, da questo momento, imparassimo a lodare i figli quando si sono lavati bene la faccia e non solo a sgridarli quando se la sono lavata male? Una parola buona li rafforza, li incoraggia, mette loro le ali, fa scoprire qualità che troppi rimproveri finiscono col soffocare.

Lodare!

La lode è fondamentale nell'arte di educare.
Chi non si sente mai lodato finisce col pensare di essere incapace, inadeguato, inferiore agli altri; chi, invece, è lodato, si sente rinforzato 'dentro'.
In altre parole, lodare è aiutare il figlio a volersi bene. Esperienza fondamentale perché solo chi viene a sapere di non essere cattivo, fa il buono!
Lodare! Un proverbio arabo, che già conosciamo, recita: "Se hai bisogno di un cane, chiamalo leone".
A sua volta, san *Francesco di Sales* diceva che quando si parla è bene pensare all'insalata: "Per fare una buona insalata, occorre più olio che aceto e sale".
Le lodi sono quello che è l'olio per l'insalata.

Chi vuole imparare a ferrare gli zoccoli dei cavalli deve andare a scuola di 'mascalcia' (così si chiama, appunto, l'arte di ferrare i cavalli); perché chi vuole imparare ad educare non dovrebbe (e con infinite più ragioni!) andare a scuola di 'pedagogia'?

I genitori che non educano sono inutili come le tasche negli abiti dei defunti.

In un mondo come il nostro in cui tutto è mobile, tutto è duro, di chi ancora possono fidarsi i ragazzi? Ormai solo più dei genitori. Ha ragione il pedagogista *Bruno Ferrero* ad essere convinto che "in nessun'epoca i figli hanno avuto così bisogno di genitori".

L'educatore prima insegna se stesso, solo dopo (molto dopo!) insegna quello che sa.
Grida di più un mezzo fatto che un migliaio di parole. Vedere la pace, ad esempio, è già impararla; vedere la giustizia è già impararla.
La pedagogia è stata stampata su carta milioni di volte, in milioni di copie. La trovi in tutte le lingue. Eppure l'umanità è ancora ferma. Che cosa aspetta? Aspetta Uomini in carne ed ossa. Poi si muoverà!

Sbagliare

Chi non ha mai sbagliato,
ben poco ha combinato!

Mettiamolo subito in conto: se vogliamo educare, dobbiamo prepararci a sbagliare.
Nessun educatore è perfetto. Nessuno conosce dall'A alla Z l'arte di educare.
Chi, ad esempio, è sempre in grado di capire quando è l'ora di perdere la pazienza con il figlio?
Quando si tratta di un suo bisogno o di un capriccio? Quando è l'ora di mandarlo a letto? Quando è l'ora della resistenza e quando quella della resa?

Il genitore perfetto è sempre un genitore sospetto.

Educare è fare come l'apicultore che va a raccogliere il miele dalle arnie: si muove con cautela, con delicatezza, per non suscitare l'ira delle api che potrebbero rivoltarsi e pungerlo. Un'impresa tutt'altro che semplice. È facile compiere qualche mossa sbagliata.
Ecco perché nessun genitore è perfetto.
Per fortuna! Gli specchi troppo lucidi danno fastidio agli occhi; lo zoccolo troppo levigato scivola sul bagnato.
Un genitore perfetto è insopportabile: schiaccia con la sua perfezione!
Pretende dal figlio di essere il migliore a scuola, il più forte nella squadra di calcio, il più educato del condominio...: insomma, non gli dà la possibilità di sbagliare. E così lo blocca, gli impedisce di vivere. Lo provano i tanti bambini giapponesi tristi ed impacciati,

perché in Giappone è proibito sbagliare!
Il genitore perfetto è pericoloso. Lui vede sempre bene, lui non sbaglia mai, lui crede di conoscere il figlio e quindi si ritiene in grado di stabilire cosa dovrà fare nella vita.
E proprio qui può combinare grossi guai! La storia insegna. A Pascal (grande filosofo e matematico) il padre nascose i libri di matematica; Boccaccio (grande letterato) voleva che il figlio si mettesse negli affari come lui; stando al padre, Jules Verne doveva fare l'avvocato invece dello scrittore; il padre di Strauss (musicista) non voleva che il figlio studiasse musica...
No, dunque, al perfezionismo!
Ma passiamo al concreto.
Ti scappa un urlo? Niente di grave. Il figlio deve sapere che anche a papà e a mamma possono saltare i nervi; oltre tutto, questo gli fa bene: lo prepara ad affrontare le difficoltà della vita.
Ti scappa una sculacciata? Nessuna tragedia! Non avrà conseguenze, se capita una volta tanto, mentre il contesto generale è quello dell'amore e dell'accoglienza del figlio.

Prendere le cose sul serio, mai sul tragico.

La casa è un po' in disordine? Va bene così! Può, addirittura, favorire la creatività, mentre il troppo ordine può ingessarla. Diceva un poeta: "L'ordine è il piacere della ragione, ma il disordine è la delizia dell'immaginazione" (*Paul Claudel*)
Concludendo: prendiamo le cose sul serio, mai sul tragico.
Ai figli piacciono i genitori non troppo sicuri; genitori

che non hanno, sempre e subito, la risposta in tasca, a tutto. Ai figli piace il genitore che ammette anche di sbagliare: "Scusa, sai, ho capito che ho sbagliato". Chi arriva a dire queste parole acquista in autorevolezza davanti agli occhi del figlio e gli passa uno dei messaggi pedagogici più importanti: "Si può sbagliare nella vita perché siamo uomini e non dèi, ma si può sempre ricominciare".

I genitori italiani...

Se l'essere imperfetti arriva a questi vertici, i genitori perfetti lasciamo che vivano all'estero.
A noi italiani basta essere sufficientemente buoni.
Per questo siamo i genitori più simpatici e più patentati del mondo

GENITORI GUASTA-FIGLI E GENITORI SALVA-FIGLI

È impossibile che i genitori non lascino un'impronta sui figli. Impronta buona o meno buona.
I genitori educano o diseducano. O guastano i figli o li salvano.
Non sono parole! Giudicate voi la differenza che corre tra i due tipi di genitori qui prospettati.

Genitori guasta-figli

1 Genitori-virus:
trasmettono ai figli i virus della paura, della disistima, dell'incapacità...
2 Genitori-bancomat:
basta che il figlio faccia una richiesta, e subito sono pronti ad accontentarlo, in tutto, anche in ciò che non è necessario.
3 Genitori-estintori:
spengono gli slanci, la spontaneità, la creatività dei figli.
4 Genitori-Premio Nobel:
hanno pretese troppo alte rispetto alle capacità dei figli.
5 Genitori-cicala:
parole d'oro, fatti di piombo.
6 Genitori-struzzo:
ingoiano tutto quello che viene proposto dalla grancassa pubblicitaria e dagli psicologi.

7 Genitori-pasta asciutta:
si accontentano di far diventare 'grossi' i figli, non 'grandi'.

8 Genitori-shampoo:
pensano di più all'apparire del figlio che al suo essere.

9 Genitori-tarantolati:
al primo starnuto del figlio lo vedono già al camposanto.

10 Genitori-francobollo:
sempre incollati sul figlio, gli impediscono di camminare sulle sue gambe e di volare con le sue ali.

Genitori salva-figli

1 Genitori accoglienti:
*accettano pienamente il figlio. Che importa se non diventerà un cavallo di razza, se non sbalordirà il mondo? L'importante è che sia se stesso e **quindi** felice.*

2 Genitori tandem:
lavorano insieme. La madre da sola non basta. Senza papà il figlio non cresce che metà.

3 Genitori memoria di ferro:
si ricordano d'essere stati, un giorno, bambini anche loro.

4 Genitori salmoni:

imparano dai salmoni ad andare
anche controcorrente.

5 Genitori area di servizio:

fanno ai figli il pieno di ciò che conta,
di ciò che vale: il pieno di Valori.
Sanno che senza Valori l'educazione
non ha valore.

6 Genitori testa in ordine:

prima il bambino, poi il pavimento pulito;
prima il brillìo interiore, poi il look...

7 Genitori umili:

sanno che c'è più mistero nel bambino che
nel brevetto del mondo intero. Per questo
sanno anche che non si può educare senza
chiamare in causa Dio che di misteri
se ne intende.

8 Genitori festivi:

subito dopo il gusto del latte, regalano
al figlio il gusto della vita.

9 Genitori cresciuti:

il figlio vive a specchio. Se non vede che
bonsai, non diventerà mai una sequoia!

10 Genitori sale:

sono come il sale che scompare nella minestra
per renderla saporita. Hanno fatto il loro lavoro,
ora il figlio può camminare da solo.
Complimenti!

Coccolare

Beato il bambino coccolato!

Tutti i bambini nascono ammalati di una dolce malattia: la 'coccolite'.
Tutti amano essere abbracciati, vezzeggiati, avviluppati nel tepore di qualcuno. Amano essere 'leccati'. Né più né meno come gli animali.
Il famoso sostenitore del 'Shantala' cioè dell'arte del massaggio indiano, nota che "tutti i mammiferi (e noi facciamo parte di questa famiglia) leccano energicamente i loro piccoli fin dalla nascita. Se manca questo massaggio, spesso i piccoli muoiono" (*Frédérick Leboyer,* **Shantala. L'arte del massaggio indiano, per far crescere il bambino felice,** Ed. Bompiani, Milano).
Ciò che avviene per gli animali, avviene anche per il piccolo dell'uomo.
Un bambino privo di coccole, molto facilmente sarà un adulto apprensivo, ansioso, incerto, incapace di serenità e di sicurezza.
Insomma, le coccole fanno bene! Su questo, ormai, nessuno discute più.

Mille messaggi positivi.

Con le coccole mandiamo mille messaggi positivi al bambino. Gli diciamo: "Ti vogliamo bene. Siamo contenti che ci sia. Tu ci importi. Sei prezioso". Non per nulla la parola 'carezza' deriva dal latino 'carus' nel senso di 'caro' e di 'prezioso'. "La carezza è sempre una dichiarazione di valore", diceva *Piero Balestro*, autore di un bellissimo lavoro: "**Parole d'amore. La terapia delle coccole**" (Ed.Paoline, Alba).

Le coccole fanno così bene che alcuni psicologi propagandano il 'metodo della mamma canguro'.

Il contatto pelle a pelle tra il bambino e la madre è terapeutico: giova alla crescita, previene le malattie, migliora l'umore, stabilizza le funzioni cardiache, fa passare la 'bua'!

Lo hanno provato gli scienziati i quali hanno scoperto che le coccole stimolano il rilascio di una proteina oppioide che serve alla produzione di beta-endorfina, dall'azione simile alla morfina. E così la scienza ha provato quello che le mamme sapevano da tempo: le coccole fanno passare la 'bua'.

A parte questo, il valore delle coccole sta soprattutto nel fatto che sono un vero e proprio nutrimento affettivo: proiettano sul bambino calore, dolcezza, piacere. Gli danno una gioia totale.

Coccolare il bambino è baciargli l'anima.

Cinque secondi di carezze comunicano più amore che cinque minuti di parole. Le coccole assicurano al bambino la fiducia di base che, secondo lo psicologo *Erik Erikson*, è il pilastro fondamentale della personalità sana.

Non parliamo, poi, dell'importanza del contatto fisico per il bambino con handicap: sono incredibili i miglioramenti riabilitativi di deficit, anche molto gravi, se accompagnati da scambi affettivi.

A questo punto diventa chiaro che coccolare non è viziare, non è bamboleggiare, non è arrendersi al bambino. Coccolarlo è amarlo alla stato puro: è

baciargli l'anima. Gesù stesso non ha forse praticato il linguaggio dell'abbraccio (*Mc 10, 16*)? In una parola: bambino coccolato, bambino fortunato.
Dunque, passiamo alle coccole!
È ovvio: senza soffocare il piccolo.
È ovvio: rispettando la sua disponibilità all'abbraccio (vi sono bambini che rifiutano eccessive coccole, per dimostrare la loro autonomia).

Il linguaggio praticato da Gesù.

Dunque, scongeliamo i sentimenti! Troppi sono i piccoli che oggi soffrono di reumatismi psicologici contratti in quelle case nelle quali si ha paura a lasciarsi andare alle carezze.
Lo psicologo colombiano *Carlos Restreps* nel suo studio (**Il diritto alla tenerezza**, Ed. Cittadella, Assisi) sostiene che noi occidentali siamo analfabeti in fatto di tenerezza. Possiamo dargli, del tutto, torto?

Spazio coccole

Scavando nelle pendici dei vulcani,
gli archeologi ritrovano scheletri abbracciati,
uniti dall'ultimo terrore della lava.
Abbracciati, è più leggero vivere
e fa meno paura morire.

Meglio una coccola
che mille chiamate al cellulare.

Lo psichiatra Eugenio Borgna racconta:
"Una mia paziente rifiutava il cibo.
Stava male.
Riprese a mangiare quando trovò
una rosa rossa accanto al piatto di riso".

Un abbraccio, una chiacchierata,
aiutano molto di più a superare la depressione
del bambino della pillola 'Prozac'
autorizzata negli Stati Uniti (Gennaio 2003)
dai sette anni in avanti.

Le coccole sono magiche:
guariscono ginocchia sbucciate e anime dolenti.
Il professor Franco Panizon, direttore dell'Istituto
di Clinica Psichiatrica dell'Università di Trieste,
che ha alle spalle oltre 50 anni di professione,
non ha dubbi: "Se il bambino soffre,
non resta che la terapia per eccellenza:
dosi massicce di coccole".

"Abbracciami!"

Una madre sta facendo ragionamenti, raccomandazioni, prediche alla figlia (terza liceo). La ragazza ascolta con espressione tesa e dura. Poi guarda la mamma dritta negli occhi e scandisce: "Mamma, sono stufa e stanca della tue prediche. Perché, invece, non mi prendi tra le tue braccia e mi tieni stretta? Nessun consiglio potrà mai farmi altrettanto bene. Per favore abbracciami!".

"Prendimi per mano!"

Un giorno un padre usciva dal supermercato con un borsone carico di ogni ben di Dio. Il figlioletto di sei anni gli trotterellava dietro. Sembrava stufo e insoddisfatto.

"Ma cosa vuoi di più!?", gli diceva il papà. "Ti ho preso la cartella, ti ho preso i pennarelli, ti ho preso la gomma profumata, ti ho preso il lecca lecca. Che cosa vuoi che ti prenda ancora?".

Il bambino rispose: "Prendimi per mano!".

"La povertà delle tenerezze, delle emozioni,
degli affetti, non farà subito danno,
ma si insidierà dentro l'infanzia dei nostri figli
per esplodere a suo tempo
come una bomba ad orologeria"

(Antonio Mazzi).

Giocare

Bimbo che non gioca, gioia ne ha poca

Il bambino ha bisogno di giocare come di mangiare. Lo psicologo *Antonio Miotto* è chiarissimo: "Senza gioco e senza giocattoli, il bambino non può vivere. Questo è vero nel senso letterale della parola".
Il fondatore degli Scouts, *Baden Powel*, aggiunge: "Il gioco è il primo grande educatore".
Insomma, si potrebbe dire che per diventare grandi, bisogna giocare!
Ecco perché dobbiamo lasciar giocare il bambino. Rubargli il gioco è come rubargli la sua vitamina psicologica di base. Non esageriamo! Basta riflettere un momento sui miracoli del gioco.

I miracoli del gioco

Il gioco è una vera e propria miniera di cose buone.

Il gioco è la vitamina psicologica di base del bambino.

- Il gioco rende interessante la vita. Costruisce la felicità del bambino. Tutti concordano nel dire che un bimbo che non gioca, gioia ne ha poca.
- Il gioco spinge a socializzare, a fare gruppo, a vivere 'insieme' e non solo 'accanto' agli altri. Se voglio che il gioco della palla continui, devo passarla a chi si diverte con me!
- Il gioco libera le emozioni e le tensioni accumulate durante lo studio e gli impegni. Giocare rilassa; giocare sconfigge la noia che è il killer dell'anima di tutti, specialmente di quella di un bambino.
- Il gioco è medicina. Si può tranquillamente dire

che, giocando, il bambino si cura da sé. Non per nulla i competenti sostengono che fino a quando il bambino gioca, non esistono problemi psicologici insolubili. È quando non gioca più che iniziano i guai.

- Il gioco è il semaforo verde della creatività. È come un attaccapanni per appendervi la fantasia.

Il gioco mette in condizione di dare libero sfogo non solo alle energie fisiche, ma anche alle più originali e frizzanti energie psichiche.

In termini di educazione, il gioco stravince sulla televisione.

- Il gioco allena il cervello. Regalare un giocattolo ad un bambino è come dirgli: pensa, ragiona, crea! Han detto bene: "Se sull'ultima spiaggia in cui sarà costretta a rifugiarsi l'umanità, ci sarà un bambino capace di fare castelli di sabbia, il mondo degli uomini autentici non scomparirà" (*Gino di Rosa*). Non scomparirà perché è la sabbia che modella dal di dentro il bambino, più di quanto non sia il bambino a modellare la sabbia.

- Finalmente, il gioco, in termini di educazione, stravince sulla televisione.

Se guarda la televisione, il bambino vede vivere; se gioca, si appropria del mondo. Se guarda la televisione, assorbe; se gioca, esperimenta. Se guarda la televisione, si fa la testa ben piena; se gioca, si fa la testa ben fatta. Se guarda la televisione, siede, tace e ingrossa; se gioca, parla, ride, corre, salta, si ossigena, si snellisce: vive!

Ci siamo convinti che, davvero, il gioco è una miniera piena di ogni ben di Dio?

Allora, ripetiamo, lasciamo giocare il nostro bambino. Allora, da parte nostra, cerchiamo di conoscere

come dobbiamo rapportarci col gioco.
Ebbene, anche qui, per coerenza alla legge della massima concretezza che vogliamo seguire in queste pagine, proponiamo alcune regole praticissime.

Le nostre regole del gioco

Queste le regole del gioco che il bravo educatore conosce bene.

1 Non compriamo giocattoli troppo perfetti, del tutto automatici.

In questo caso il bambino diventa inutile, ed allora il gioco è finito.
Il giocattolo deve essere una proposta, non una risposta; deve essere come una fiaba che non finisce mai.
Ecco perché i giocattoli più poveri e meno strutturati sono quelli che piacciono di più a tutti i bambini del mondo. Non trovate un bambino che non ami giocare con queste quattro realtà poverissime:
l'acqua: tutti i bambini amano guazzarvi dentro;
l'aria: tutti amano correre, sentire i brividi dell'altalena;
il fuoco: tutti si incantano davanti ad un fiammifero acceso;
la terra: tutti amano pasticciare con l'argilla, con la sabbia.
Perché tanto amore a questi giocattoli? Perché con essi il bambino sente protetta la sua fantasia e il suo protagonismo.

Giocattoli poverissimi, con effetti felicissimi.

2 Non soffochiamolo di giocattoli.

Riempire la cameretta di giocattoli, è un duplice errore: economico e psicologico.

Economico, in quanto è un inutile spreco di denaro; psicologico, perché troppi giocattoli sviluppano la cupidigia, l'avidità, il desiderio di avere sempre di più. Inoltre mettono il piccolo in una situazione di imbarazzo, di incertezza. Non sapendo quale scegliere tra i molti giocattoli, il bambino sovente sceglie il capriccio!

Giocare con un bambino è una delle forme più alte e più ricche di dialogo.

3 Mentre sta giocacando, non disturbiamolo con eccessive interferenze.

Il bambino va lasciato giocare a modo suo.

D'altra parte, però, partecipiamo, di tanto in tanto, alla felicità del piccolo che si diverte. Al bambino piace avere, per qualche momento, i genitori come compagni di giochi.

E, poi, non c'è occasione più opportuna per conoscerlo meglio; non c'è occasione più bella per un'intensa condivisione affettiva. Giocare con un bambino è una delle forme più alte e più ricche di dialogo.

4 Non buttiamo via i giocattoli.

Se non abbiamo spazio, deponiamoli in cantina o in soffitta. Ha ragione *Marcello Bernardi*: "I giocattoli sono strumenti con cui l'essere umano ha conquistato la vita... Il giocattolo deve essere considerato qualcosa da conservare sempre, come una reliquia".

5 Non compriamo un giocattolo solo perché l'abbiamo tanto desiderato noi.

Non è detto che i gusti del bambino combacino con i nostri. Dunque, come non è saggio ripetere: "Ai miei tempi..., ai miei tempi...", così non è bene, notando l'indifferenza con cui il bambino accoglie un giocattolo, dirgli: "L'avessi avuto io!".

6 Non lasciamoci guidare dalla bella figura o dalla competizione.

Perché il figlio sia alla pari con i vicini, con i cuginetti, deve avere un giocattolo lussuoso e costoso: così si ragiona da troppi. Si arriva all'assurdo che, dopo aver comprato un giocattolo costosissimo, i genitori ne proibiscano l'uso per paura che si sciupi o si rompa!

Due problemi

E le armi giocattolo?

Il problema continua ad essere dibattuto.

Problema dibattuto, ma con una soluzione.

Secondo alcuni le armi giocattolo sarebbero un incentivo all'aggressività, e quindi sarebbero sempre da proibire; secondo altri, invece, servirebbero a scaricare le tensioni, e quindi sarebbe lecito permetterle.

Che dire?

Non vogliamo essere drastici e tassativi.

Non è dimostrato, infatti, che vi sia un rapporto diretto tra l'uso delle armi giocattolo e l'aggressività, come non è per niente detto che da un bambino che oggi gioca alla guerra debba attendersi, domani, un violento.

Inoltre, da sempre, i giochi di guerra, di scontro, di cattura, sono stati nelle preferenze dei bambini. Basta osservarli in azione: si sparano con tutto: con un pezzo di legno, con la penna, con il righello, con

le dita... È l'immaginario infantile che si esprime anche con questo gioco di finzione.
Dunque, pensiamo che non ci si debba preoccupare delle pistole ad acqua, del dito indice che fa da canna e del medio che fa da grilletto... Tali tipi di giocattoli e di giochi possono scatenare la fantasia e scaricare le tensioni e le energie represse.
Con ciò non vogliamo privilegiare le armi giocattolo, soprattutto quelle che imitano alla perfezione le armi vere.
Vi sono armi giocattolo così sofisticate che di giocattolo hanno solo il nome. Tali armi giocattolo sono, per le loro stesse caratteristiche, pedagogicamente dannose (veicolano messaggi di violenza) e quindi da bandire, come ha fatto alcuni anni fa il Governo francese con un decreto legge che proibisce la produzione e la commercializzazione delle armi giocattolo destinate all'infanzia.
Una decisione che riteniamo molto opportuna. A ben riflettere, infatti, non si può non sottoscrivere quello che dice la psicologa *Grazia Tadolini*: "Oggi la violenza reale è già troppa: i ragazzi la trovano documentata nei giornali, al cinema, alla televisione, per le strade. Ne sono saturi, intossicati.

Giocattoli pedagogicamente dannosi.

Vogliamo incentivarla, dentro di loro, regalando ai nostri figli un perfezionatissimo modello di mitra o di laser disintegratore? Dunque, niente armi per i nostri figli: conserviamo uno spazio, nella loro vulnerabile età, per l'innocenza dei giocattoli. È un modo per prolungare la stessa innocenza dell'animo infantile".

I videogiochi fanno male?

Ecco una domanda che sta interessando un numero sempre maggiore di genitori ed educatori.
Cerchiamo, dunque, di rispondere con calma.

Tanti sì

I lati luminosi.

Non c'è dubbio che i videogiochi hanno molti punti a loro vantaggio.
Questi i principali: stimolano la velocità dei riflessi e la prontezza mentale; migliorano il coordinamento occhi-mani; favoriscono la concentrazione; avvicinano ai nuovi mezzi di comunicazione interattivi.
I videogiochi permettono al ragazzo di identificarsi con i vari personaggi: "Quando gioco con quelli (i videogiochi) di Formula Uno mi sento di essere un pilota come Michael Schumacher", dice un ragazzino di otto anni. Aggiunge un altro della stessa età: "Mi piacciono quelli (i videogiochi) del calcio perché quando faccio gol mi sento come Ronaldo".
Non c'è dubbio che ai ragazzi i videogiochi piacciono. Piacciono perché in essi si sentono più attivi che non guardando la televisione. Un bambino confessa: "Nel videogame mi sento come se stessi lì dentro ad ammazzare i nemici".
Piacciono perché fanno leva sulla sfida. Tutti sanno che i ragazzi amano sfide sia fisiche che mentali: ecco perché, ad esempio, amano tanto gli indovinelli che sono altrettante sfide ai loro cervelli.
Ebbene, nei videogiochi si può lottare contro i draghi, si possono superare gli avversari nelle corse automobilistiche, si può vincere nelle partite di calcio...

Fin qui, dunque, il giudizio sui videogiochi è, tutto sommato, positivo.

Purtroppo però, non mancano anche gli aspetti negativi.

Più no

Il lati tenebrosi.

Intanto l'uso esagerato del videogioco può provocare inconvenienti fisici: danni alla vista, emicranie, posizione del corpo talora dannosa... In alcuni casi può causare, addirittura, attacchi epilettici, stati di ottundimento cerebrale, insonnia, malesseri di vario genere. Vi sono stati casi di video catalessia che si manifesta con l'irrigidimento del corpo e la perdita di conoscenza. Clamoroso fu l'episodio che avvenne alcuni anni fa in Giappone: centinaia di bambini soffrirono, appunto, di video catalessia mentre guardavano alla televisione una serie di cartoni animati, i Pokemon, sbarcati poi anche in Italia.

Con ciò non vogliamo drammatizzare né iniettare paure. I video giochi non sono affatto da buttare: sono semplicemente da gestire con intelligenza, come diremo.

Prima, però, dopo aver fatto cenno ai possibili pericoli fisici, passiamo a quelli psichici.

*Il primo è l'isolamento nel quale tende a rinchiudersi chi gioca. Aveva ragione lo psicologo *Urie Bronfenbrenner* a dire che "il principale pericolo dello schermo televisivo è quello che impedisce di fare: i discorsi, i giochi, le festività e le discussioni familiari attraverso le quali avviene gran parte dell'apprendimento del bambino e si forma il suo carattere.

Accendere il televisore può significare interrompere il processo che trasforma i bambini in persone". Ciò che il Bronfenbrenner dice a proposito della televisione, si può applicare, pari pari, ai videogiochi.
* Il secondo pericolo nascosto in questi è che richiedono decisioni troppo rapide, decisioni che vanno prese senza pensare. Sottolinea l'esperta *Patricia Grienfield*: "I videogiochi sviluppano la velocità di reazione, ma tendono a disattivare la riflessione". Insomma, i videogiochi sarebbero un pericolo per il pensiero riflessivo.
*Terzo pericolo: nel videogioco le azioni da compiere sono troppo schematiche: spari, colpisci, ti difendi...; mancano del tutto la complessità e le sfumature che sono caratteristiche delle persone e delle situazioni reali. Pertanto il giocatore corre il rischio di essere sempre più scarso di capacità di analisi e di riflessione.

Che fare, dunque?

Vorremmo offrire questi consigli.

Tre consigli.

- Facciamo in modo che il figlio preferisca i giochi elettronici che non sollecitino solo il 'grilletto facile', ma che siano anche istruttivi; per esempio, che sollecitino a disegnare, giocare a scacchi, a dama, a battaglia navale...
- Se possiamo, giochiamo qualche volta con il bambino: vi sono programmi che si possono giocare in due o più. Come già dicevamo, divertirsi col figlio è sempre una bella esperienza ed un mezzo straordinario per fare famiglia.

• Finalmente - ed è il consiglio più importante - il videogioco non deve mai diventare totalizzante: non deve, cioè, occupare più di metà del tempo abituale del gioco. Meglio se meno.

Alcuni propongono questa scaletta: venti minuti al giorno, se il videogioco impegna molto gli occhi e le mani; trenta-quaranta minuti, se richiede una certa riflessione oppure se i bambini giocano in gruppo e quindi a turno 'staccano' dal video.

Comunque, restiamo sempre dell'avviso che, per qualsiasi bambino, è meglio una partita all'aperto con gli amici, che una giocata solitaria con un videogioco. Lo intuiva anche *Laura* (sette anni) che alla domanda: "Preferisci giocare con un videogioco o andare fuori?", rispondeva: "Preferisco andare a giocare fuori con gli amici perché ci divertiamo ancora di più. Perché lì (nel videogioco) è tutta scienza degli scienziati, invece fuori con gli amici a giocare a pallone con loro, siamo umani".

Prego che oggi...

Prego che oggi
nessuno dei grandi
mi porti via la vanga e dica:
"Sei ancora troppo piccolo";
che nessuno dei grandi
mi porti via il martello e dica:
"Così ti farai male";
che nessuno dei grandi
mi porti via il pennello e dica:
"Ti imbratterai tutto".
Oggi lasciatemi
la vanga, il martello, il pennello!
(Hoffman-Herreros)

Abbracci e giravolte

"Un giorno ho detto alla mia bambina in tono burbero: 'Se non stai attenta, signorina, ti prendo in braccio, ti faccio fare trenta giravolte, ti stringo forte forte e ti copro di baci'.
Lei ha aggrottato la fronte e ha detto seria seria: 'Non sto attenta, mamma'.
L'ho presa in braccio, le ho fatto fare trenta giravolte e poi l'ho coperta di baci finché tutte e due siamo scoppiati a ridere.
So che è stata una bella cosa, uno dei molti, fuggevoli meravigliosi momenti tra madre e figlia. Poteva essere fugace, ma lei ha voluto farlo e rifarlo e poi ha chiamato suo padre per raccontarglielo.
Lo rifacciamo abbastanza spesso, tanto per continuare a ridere.
Ormai mia figlia pesa 17 chili e non potrò sempre prenderla in braccio e farle le giravolte. Ma quando esprimo un silenzioso desiderio, è che 'fare le giravolte' rimanga uno dei suoi ricordi più belli di infanzia".

(Liz Aurbach)

Le capriole del santo

Un giorno una donna guardando dalla finestra, vide un grande uomo, un asceta, circondato dai bambini del villaggio.
Notò che l'uomo, del tutto dimentico della sua dignità, faceva le capriole per divertirli.
Fu così colpita da quello spettacolo, che chiamò il suo bambino e gli disse: "Figlio, quello è un santo. Puoi andare da lui".

Quanti elogi!

"Tanto migliore sarà l'adulto, quanto meglio avrà giocato". (*Platone*, filosofo greco)
"Il bambino che gioca spontaneamente, tranquillo e costante fino alla stanchezza, diventerà certamente un uomo attivo, tranquillo e costante". (*Friedrich Froebel*, pedagogista tedesco)
"Il piccolo che gioca osserva più attentamente la realtà circostante; si muove con precisione crescente; domina le tensioni aggressive e impara a dare un ordine logico alle sue azioni.
Il gioco ha una dignità simile a quella dell'azione creatrice di Dio e del lavoro dell'uomo maturo". (*Sergio Spini*, pedagogista)

Il gioco:

- *allontana la noia, dilata la gioia*
- *straccia la solitudine*
- *insegna l'esistenza di norme*
- *è fonte di equilibrio*
- *è una valvola di sicurezza per scaricare l'aggressività*
- *è l'attaccapanni per appendere la fantasia*
- *è la miglior medicina contro la telefissione*
- *è un grande libro*
- *è la vitamina psicologica perfetta per il bambino.*

"Erodere lo spazio del gioco del bambino, in favore di un'attività più 'seria', è come smantellare parte della foresta amazzonica, il polmone della terra, per far passare un'autostrada: si ottiene un vantaggio immediato, ma si mette a repentaglio il futuro".
(*Fulvio Scaparro*, psicopedagogista)

Raccontare fiabe

Una fiaba al giorno
toglie lo psicologo di torno.

A molti guai della nostra epoca sarà difficile rimediare, almeno in breve tempo: pensiamo allo smog, alla droga, alla crisi energetica, al terrorismo.
Però subito possiamo rimediare alla solitudine dei nostri bambini, al loro bisogno di attenzione, di tenerezza, di amore.
Possiamo rimediare subito e a poco prezzo. Basta una fiaba!

Basta una fiaba!

Basta una fiaba per rendere più luminosa e meno noiosa la vita del bambino.
Basta una fiaba per rafforzargli il sistema immunitario psicologico.
Basta una fiaba per regalare una carezza che rimane nel cuore per tutta la vita.
Perché non iniziare da stasera?
Sì, da stasera perché il momento più adatto per raccontare fiabe è la sera.
Il bambino che sente raccontare una fiaba prima di addormentarsi fa un'esperienza di vita emotiva intensa.
C'è una voce protettiva e intima che gli parla: è la voce della mamma o del papà.
La voce della mamma e del papà è infinitamente superiore a quella della televisione.
La televisione è fredda, inesorabile: parla da sola e

tira avanti. Non accetta domande. La televisione non ha occhi per guardarti, non ha mani per accarezzarti.

La mamma che racconta al bambino, invece, ne segue lo sguardo, gli sfiora il viso, adatta le parole, fa le pause giuste...

Non c'è, davvero, occasione più propizia per stare insieme e per rinsaldare il rapporto educativo.

Per questo la psicanalista *Maria Valcarenghi*, scrittrice di fiabe, sostiene che "bisognerebbe sempre raccontare ai bambini una storia prima di andare a letto, fino a sei, sette anni".

"Noi genitori - nota l'esperto di letteratura infantile *Domenico Volpi* - siamo gente strana. Quando il figlio è giunto all'adolescenza ci lamentiamo: 'Non riesco a dialogare!'. E non ci curiamo di parlargli quando ha quattro o sei anni".

Il dialogo non è una pianta esotica che cresce improvvisamente quando i ragazzi hanno quindici anni. Il dialogo è una pianta umile che occorre coltivare con pazienza, incominciando dall'infanzia.

"Noi genitori siamo gente strana...".
(Domenico Volpi)

Il dialogo nasce anche dalla somma di tante sere magiche nelle quali la mamma o il papà raccontano una fiaba, mentre il piccolo dolcemente scivola nel sonno.

Raccontare fiabe!

I bambini senza fiabe diventeranno adulti tristi, con poca fantasia e tanta fragilità.

Tutti gli psicologi, poi, notano che il rapporto con l'ignoto e il fantastico contribuisce allo sviluppo del pensiero logico del piccolo.

Non basta. Le fiabe aiutano il bambino ad esorcizzare le sue paure che, senza di esse, potrebbero trasformarsi in vere e proprie patologie.
Sì: cominciamo a raccontare fiabe da stasera, e tutte le sere. Non solo la sera di Natale.

Le fiabe mettono paura?

La fiaba aiuta sempre.

Di tanto in tanto c'è qualcuno che, puntualmente, mette le fiabe sotto accusa: sono crudeli, fan nascere paure, angosce.
È vero?
No! Decisamente no.
Condannare le fiabe è uno zelo eccessivo, uno zelo che sbaglia bersaglio.
Le fiabe non generano paure (o, se le generano, sono paure che aiutano a crescere).
La paura il bambino la incontra nella vita: la trova nel televisore che, troppe volte, tracima violenza da ogni canale; la trova nelle strade quando vede drogati, barboni; la incontra quando sente parlare di guerre, di soprusi...
Ebbene, esattamente all'opposto di ciò che dice l'accusa, è la fiaba che aiuta il piccolo a superare tanti turbamenti.
La fiaba aiuta per due ragioni.
La prima perché parla un linguaggio simbolico. In parole chiare: il bosco, la palude, il fuoco, la strega, l'orco, sono immagini di stati interiori, incarnazioni di vizi e passioni che difficilmente riusciamo ad esprimere in parole concettuali. È più facile ricorrere al simbolo; simbolo che ha il vantaggio di circoscrivere

bene le paure, di dare loro un contorno definito che ci permette di controllarle e dominarle, quindi di superarle e vincerle.
"L'esperienza psicoterapeutica - nota il dott. *Giuseppe Fojeni* - mi ha insegnato la forza dei simboli.
Essi, anche senza bisogno di interpretazioni, liberano l'inconscio umano da quelle paure, angosce, squilibri affettivi, che impediscono all'uomo di affrontare serenamente gli squilibri sociali".
Il secondo motivo per cui la fiaba aiuta a superare la paura sta nel fatto che tutte le fiabe finiscono bene.
E questo è molto rassicurante per il bambino.
Prendiamo, ad esempio, *Cenerentola*. Cenerentola fa rivivere il problema della rivalità fraterna. Infatti, anche se in realtà non è vero, spesso il bambino si sente maltrattato come Cenerentola, ma dalla vittoria finale dell'eroina trae grandi speranze per il futuro. Ecco perché alla fine di ogni proiezione del film di Walt Disney, *Cenerentola*, quando la fatidica scarpetta entra nel piedino della protagonista, da sempre, gli applausi scoppiano fragorosi. La paura è vinta. La pace e la gioia rientrano in cuore.

"In tutto il mondo non ho mai trovato un bambino che alla sera non sia contento di sentirsi raccontare una favola". (Daniel Pennac, scrittore)

Ditemi se non sono belle!

IL CANE E GLI SPECCHI

C'era una volta un cane che, vagabondando qua e là, finì in una stanza in cui tutte le pareti erano dei grandi specchi.
Così, guardando in essi, vide un altro cane, poi un secondo ancora, poi un terzo...
Allora si infuriò, cominciò a digrignare i denti e ad abbaiare.
Tutti i cani delle pareti, naturalmente, fecero altrettanto.
Il cane, sempre più agitato, si mise a girare su se stesso come una trottola, per difendersi dagli attaccanti; poi, ringhiando rabbiosamente, si scagliò contro uno dei suoi assalitori...
Finì a terra tramortito e sanguinante per il tremendo urto contro lo specchio.

Avesse scodinzolato e sorriso, tutti i cani degli specchi l'avrebbero ricambiato!
Così è la vita: sorridile, e ti sorriderà; guardala in cagnesco, e ti mostra i denti!

I PUPAZZI DI NEVE

Una volta un uomo-pupazzo di neve si innamorò di una donna-pupazza di neve.
L'abbracciò con tanto calore che si sciolsero l'uno nelle braccia dell'altra.
In quel luogo, bagnato con tanta acqua, in primavera sorsero i più bei fiori del mondo.
Un tale che aveva visto tutto, pensò: "L'amore funziona sempre: un giorno o l'altro fiorisce".

LA BOTTE DI VINO

Una volta in un villaggio si stava organizzando una grande festa. Ognuno avrebbe dovuto contribuire versando una bottiglia di vino in una botte gigantesca.
Ma uno pensò: "Se verserò una bottiglia d'acqua in quella botte così grande, nessuno se ne accorgerà!".
Il guaio è che tutti ebbero la stessa idea.
E così, quando iniziò il banchetto, dalla botte uscì solo acqua!

IL RE E IL BUFFONE

C'era una volta un re grande e sciocco che continuava a lamentarsi a causa del terreno ruvido che gli faceva male ai piedi.
Allora ordinò che tutto il paese venisse tappezzato di pellame.
Il buffone di corte rise, quando seppe dell'ordine dato dal re.
"Che idea folle, Vostra Maestà!", esclamò. "Perché sprecare così tanto denaro? Basterà che tagliate due piccole pezze con cui proteggervi i piedi!".
Il re eseguì il consiglio del buffone.
Fu così che nacquerò le prime scarpe.
Fu così che nacque anche l'uomo saggio che capì che prima di cambiare il mondo, deve cambiare se stesso.

La fiaba: pietre miliari

"Un popolo che non racconta più fiabe
è condannato a morire di freddo".

(Cecilia Gatto Trocchi, antropologa)

"Dopo aver ascoltato una storia,
nessuno è più lo stesso".

(Bruno Ferrero, scrittore)

"Si suol dire che le fiabe son fatte
per addormentare. Io invece dico che son fatte
per strappare la gente dal sonno".

(Rabbi Nachman di Breslavia)

"Non c'è nulla di più moderno
che raccontare una fiaba,
nulla di più utile alla crescita psicologica
del bambino".

(Paolo Crepet, psichiatra)

Una sera senza fiaba è come una sera senza luna.

Senza fiabe la vita è monotona e piatta
come la pastasciutta in bianco
che ha lo stesso sapore dappertutto.

Rispondere ai "perché?"

"Vorrei morire con la mente di un bambino, perche' e' il piu' grande dei ricercatori".

(Jean Piaget)

Non sta zitto due minuti, neanche a pagarli a peso d'oro.

"Mamma, perché l'erba è verde? Papà, perché il fumo vola? Perché il nonno ha i baffi? Dov'è il vento quando non soffia? I pesci fanno la pipì? Dov'ero io quando non c'ero?...".

È un bombardamento continuo che ci asfissia.

Eppure non dovremmo mai stancarci di ringraziare il buon Dio che ha fatto i bambini così insaziabilmente curiosi.

Dobbiamo difendere il "Perché?".

"Perché?" è una parola meravigliosa: rivela che l'intelligenza è pronta e scattante. Un "perché?" al giorno toglie la ruggine mentale di torno!

"Perché?" è una parola preziosa: senza "perché?" non c'è scoperta, non c'è progresso. Senza "perché", l'uomo sarebbe bestia!

Dunque dobbiamo difendere il "Perché?", dobbiamo proteggerlo.

In che modo?

La prima e più importante difesa è la nostra risposta. Se continuiamo a dire al bambino: "Lo saprai domani, smettila di disturbare...", gli blocchiamo la curiosità, gli impigriamo il cervello.

Dunque, è dovere rispondere.

- Rispondere **a tono**, non dicendo una frase qualunque, distrattamente, mentre pensiamo ad altro.

• Rispondere **in modo breve**. Il bambino ha un'attenzione che è lunga quanto un francobollo. "Perché non mi lasci prendere il coltello?". "Perché taglia!". Tutto qui e basta.

Per non spegnere l'intelligenza inquirente del bambino.

• Rispondere **in modo chiaro**. Certo non rispettò questa regola quel papà che, alla domanda del bambino: "Papà che frutti sono quelli?", rispose: "Prugne nere, caro". Al che il piccolo: "Ma, papà, sono rosa!". E il padre: "Sono rosa perché sono verdi!".

• Rispondere **in modo intelligente**. Non fu tale la risposta data ad una bambina che, osservando i leoni in gabbia allo zoo, domandò: "Perché il leone ha la testa così grossa?". Risposta: "Ma è chiaro! Così non passa attraverso le sbarre!".

• Rispondere **tenendo d'occhio l'età**. Nei primi anni il bambino non cerca la causa vera, ma vuole conoscere qual è la funzione di una cosa o di un fatto. "Perché nevica?". "Perché così tu puoi andare a sciare". A mano a mano che il figlio cresce, dovremo dare risposte 'cresciute' in profondità. Esempio: "Perché le stelle brillano così piccole?". "Le stelle sono brillanti come il sole, ma dato che sono lontanissime, le vediamo piccole piccole...".

• Rispondere **valutando la qualità dei "Perché?"**. Vi sono, infatti, vari tipi di "Perché?".

Abbiamo il "Perché?" che il bambino dice in continuazione solo per il piacere di dire qualcosa, passando subito ad un altro argomento, senza neanche aspettare la risposta.

Abbiamo il "Perché" che nasce dal desiderio del

piccolo d'essere guardato e considerato.
Abbiamo "Perché" di ricerca, di interesse vero. A questi dobbiamo rispondere, come stiamo dicendo.
- Rispondere **con partecipazione!** "Bravo! Mi hai fatto una bella domanda! Proviamo a rispondere insieme...".
- Rispondere **in modo sincero.** La cosa non è sempre facile, ma si può. Si può rispondere in modo da non dover mai ritrattare quello che diciamo, anche su argomenti delicati come il sesso, la morte, Dio... Ci spiace che lo spazio ci impedisca di provarlo in questa sede. Abbiamo cercato di farlo altrove.

Se domandi, puoi passare per ignorante una volta sola; se non domandi, lo sarai per sempre.

D'altronde l'obiettivo del poco detto era un altro: essere un convinto invito a rispondere ai "Perché?" del bambino.
Rispondere, per non spegnere la sua intelligenza inquirente.
Rispondere, perché la curiosità è tra le sue doti più preziose. Il grande psicologo svizzero *Jean Piaget* confidava: "Vorrei morire con la mente di un bambino, perché è il più grande dei ricercatori".

"È importantissimo che nella vita
si cominci e si continui con le domande.
Chi comincia con le risposte
è finito in partenza".
(Piero Angela)

"Il vero analfabetismo è la mancanza di curiosità".
(Goffredo Parise, scrittore)

Frasi da mai dire per non uccidergli il "Perche?"

Uccidere il "Perché?" del figlio è come togliergli il cervello. Dunque, se vogliamo che sia cerebro-illeso, dobbiamo, come abbiamo detto, proteggergli il punto interrogativo: il punto che ci ha permesso di passare dalle caverne alla conquista dei cieli.
Ebbene, condizione fondamentale per non uccidere il "Perché?", è quella di evitare sempre alcune frasi, come quelle che seguono.

"Sono cose che non ti riguardano".
Se il piccolo fa la domanda, è segno che la cosa gli interessa, lo riguarda.
Non rispondere, è come invitarlo a cercare da altri la risposta; oppure, peggio ancora, è spegnergli la curiosità e preparare un ragazzo passivo, abulico. Gli psicologi affermano che il bambino che non ha soddisfatto la sua curiosità nel momento in cui nasce, non si sentirà poi spinto, a scuola, ad interessarsi ad argomenti che gli sembrano tanto meno interessanti.

"Te lo dirò quando sarai grande"
Ogni età ha la sua pienezza. Il bambino è 'grande' quando è tutto bambino; così il fanciullo, il ragazzo, l'uomo maturo. Dunque a ogni età la sua risposta adeguata.
Rispondendo: "Te lo dirò quando sarai grande", si trasmette al piccolo l'idea che vi sono zone vietate, il che può favorire una curiosità morbosa.

"Non hai altre domande più intelligenti da farmi?".

Il bambino è convinto che non vi siano domande idiote, per questo non molla. "Mamma, perché nel formaggio vi sono tanti buchi?". La madre: "Non hai altre domande da farmi?". Il piccolo tace mortificato. Ma qualche minuto dopo domanda: "Mamma, potresti almeno dirmi perché attorno ai buchi c'è il formaggio?".

Se il bambino fa una domanda che a noi sembra strana, non correggiamolo in modo brusco, ma partiamo da essa per ampliare il discorso e, se del caso, rettificarlo.

"Questo chiedilo a papà".

Il piccolo potrà pensare che non siamo all'altezza della situazione, che non siamo preparate a rispondere o non ne abbiamo autorità. Dunque cerchiamo di rispondere, magari aggiungendo: "Lo chiederemo anche a papà". Questo modo di parlare rassicura e soddisfa molto il bambino che gode intensamente dell'intesa dei genitori.

"Chi ti ha insegnato queste cose?".

Reagire in tal modo significa non accettare che il figlio possa anche apprendere fuori dell'ambito familiare; significa che disapproviamo il fatto che qualcuno gli abbia parlato a nostra insaputa.

Una tale risposta può rallentare lo sviluppo sociale del figlio, rinchiuderlo in se stesso e renderlo diffidente verso gli altri.

Un curioso eccezionale

Thomas Edison, il più prolifico inventore di tutti i tempi (raggiunse un totale di 1200 brevetti, tra cui quello della lampadina ad incandescenza e del fonografo), assillava la madre, maestra elementare, con continue domande e, se non aveva risposte soddisfacenti, se le cercava da sé.

A quattro anni, ad esempio, venne sorpreso mentre stava seduto su alcune uova per vedere se, covandole, sarebbero nati i pulcini; a sei anni, avendo notato che i palloncini riempiti di gas si levavano in aria, persuase un suo coetaneo a inghiottire del gas promettendogli che, in quel modo, avrebbe potuto salire in cielo (invece svenne!).

La curiosità non è un privilegio di Thomas Edison. Tutti i bambini l'hanno incollata sulla pelle. "Perché l'acqua del ruscello corre? Dove va a nascondersi il sole di notte? Dio è trasparente?...".

Il bambino è nella condizione di Ulisse che voleva scoprire, che voleva esplorare l'ignoto. È un'energia mentale che tracima curiosità e interrogativi da ogni poro.

Il bambino è un cervellone! Vi è più cervello nel più semplice "Perché?" di un bambino che nel computer. Il computer non sa fare domande: sa solo dare risposte!

Educare a pensare

"Il sonno della ragione genera mostri".

(Francisco Goya)

Insegnare a pensare è uno dei compiti più importanti dell'educazione.
Tutto, infatti, comincia dai pensieri che si muovono nella mente: chi ha idee sane può vivere bene, chi ha idee sbagliate non può che vivere male.
Sì: sono le idee che fanno muovere le ruote della vita; è il cervello che comanda. Le camere a gas non le ha inventate Hitler: le hanno inventate coloro che le hanno pensate; Hitler ha solo aperto il rubinetto e acceso il fiammifero. Così il muro di Berlino, prima di cadere sotto i colpi del piccone, è caduto nella testa di qualcuno.
Più vicino a noi, possiamo dire che non basta avere il casco in testa, ci vuole la testa sotto il casco!
Bastano queste poche battute iniziali per convincerci che proteggere il cervello del figlio, aiutarlo a ben pensare, non è un optional pedagogico, ma uno tra i nostri primi doveri.
Per passare subito al concreto, vediamo che fare.

Sono le idee che fanno muovere le ruote della vita.

Salvare il dubbio

Educare a pensare significa, innanzitutto, salvare il dubbio.
Un tempo non lontano (pensiamo al periodo fasci-

sta) gli uomini erano liberi di pensare, ma non liberi di dire quello che pensavano; oggi son liberi di dire quello che pensano, ma non sono più liberi di pensare: c'è chi pensa per tutti!

Ed ecco, allora, quella massa di gente che se ne va in giro come robot: beve tutto, crede tutto, ubbidisce a tutto. Il suo motto è: "Così fan tutti". Il filosofo danese *Soeren Kierkegaard* la chiamerebbe "massa di scimmie".

Salvare il dubbio, dunque!

Ciò che fa, ad esempio, il padre quando in auto si domanda ad alta voce, in modo che i ragazzi che sono sul sedile posteriore sentano: "Perché si devono bere quelle bibite così orrende, con orrendi sapori, solo perché sono pubblicizzate dalla televisione? Perché si devono portare quelle scarpe che fanno male al ditone, solo perché sono previste dalla moda?".

Educare alla critica

Un ragazzo con una buona riserva critica sarà sempre un uomo libero.

Educare a pensare, significa, poi, educare alla critica, nel senso giusto della parola che significa vagliare, scegliere.

La madre che in negozio domanda alla figlia: "E tu che ne dici di questo abito, di questo cibo?", educa alla critica, perché parla, dialoga, discute.

E, intanto, il pensiero si affina, si fa riflessivo, profondo. Si fa pensiero vero.

Un ragazzo con una buona riserva critica sarà sempre un uomo libero che ha capito che le manette peggiori sono le manette mentali.

Dire no al pensiero prefabbricato

Finalmente, educare a pensare significa dire no al pensiero prefabbricato.

Basta con i pensieri precotti!

Oggi, appena il bambino nasce, in mille gli piombano addosso per imporgli le istruzioni per l'uso della vita. Gli programmano tutto, dalla nascita alla morte. Gli stabiliscono quale pappa deve mangiare, quale pannolino deve usare, quando deve fare il ruttino...

Più tardi gli dicono quale grembiulino deve usare per andare alla Scuola dell'Infanzia, quale zainetto mettersi sulle spalle per la Scuola Primaria, quale diario comprare per le Medie Inferiori e Superiori... Vacanze, sport, parole... tutto è predisposto. E guai a sgarrare! Chi esce dal gregge è guardato a vista: ha un caratteraccio, è un impertinente, un presuntuoso. Viviamo in tempi di appiattimento e di indottrinamento come non mai. La nostra è una società di spettatori, di gregari, non di protagonisti.

Ebbene noi diciamo: basta con la morte cerebrale, basta con i pensieri precotti.

Aveva tutte le ragioni il poeta francese *Charles Péguy* a dire che "C'è qualcosa di peggio che pensare male: è avere pensieri prefabbricati".

Ecco: educare a pensare significa educare a riappropriarci della nostra mente, significa educare ad essere protagonisti della nostra vita, a guidarla in proprio.

Tutti vanno in auto, perché non posso andare in bicicletta?

Tutti usano il telefono, perché non scrivere una lettera?

Tutti mangiano a crepapelle, perché non fare digiuno una volta al mese?...

Salvare il libro.

Il noto scrittore *Edmondo De Amicis* diceva: "La differenza tra me e un selvaggio è che io ho avuto nella casa paterna una biblioteca".

D'accordo: è la lettura che fa la differenza!

Il libro è l'antiruggine del cervello, è il footing dell'anima, il solletico della fantasia.

Per questo anche in tempi di elettronica conserva tutta la sua valenza educativa.

Mentre la televisione offre quello che gli studiosi chiamano 'pensiero veloce', il libro è occasione di 'pensiero profondo'. Guardare la televisione è come andare in treno o sfrecciare in macchina; leggere un libro, è come andare a piedi: è vedere di più, è gustare di più. Nell'acqua corrente non si vedono le stelle!

L'antiruggine del cervello, il footing dell'anima.

Siamo sinceri: è troppo comodo rassegnarsi al fatto che oggi le gelaterie battono le librerie, che mentre la gastronomia è alle stelle, l'editoria è in crisi, che mentre si apprezzano i titoli bancari, si ignorano i titoli dei libri.

Dobbiamo reagire!

Il libro è troppo importante per lo sviluppo psichico del nostro ragazzo. Dobbiamo proteggerlo, dobbiamo salvarlo.

In che modo?

Gianni Rodari, bravissimo scrittore di libri per ragazzi, con molto realismo, diceva: "Non si nasce con l'istin-

to di leggere, come si nasce, invece, con altri istinti: mangiare e così via. Quello di leggere è un gusto che va educato, che va innestato, coltivato".
Ciò che vogliamo fare noi.
Ecco alcuni consigli che abbiamo sperimentato sempre utili.

- Fin da piccolo, portiamo il figlio in libreria, in biblioteca, perché possa vedere, palpare, sfogliare il libro. La produzione è abbondante e anche di alto livello per ogni età.
- Più grande, abboniamolo a qualche rivista.
- Teniamo in casa una, sia pur semplice, libreria. Ancora *De Amicis* diceva che "Una casa senza libreria, è una casa senza dignità".
- Facciamoci vedere lettori e non solo compratori di libri-tappezzeria.
- Quando gli facciamo un regalo, non dimentichiamo mai di aggiungere un libro. Il libro è più intelligente di una catenina d'oro. È ovvio che il libro andrà scelto almeno con la stessa cura con cui compriamo un paio di scarpe che si mettono ai piedi.
- Non diciamogli mai "no" quando ci chiede di comprargli un libro adatto. Quante volte, invece, abbiamo visto rifiutare l'acquisto di ottimi libri (non costosi) sospirati dal figlio e sentire, subito dopo, domandare al piccolo: "Vuoi il gelatone?".

Se le nostre proposte servissero a svegliare il lettore che dorme nel vostro figlio, sarebbe, davvero un alto evento pedagogico.
Vedere un ragazzo che legge, è vedere un ragaz-

"Una casa senza libreria, è una casa senza dignità".
(Edmondo De Amicis)

zo che ne vale due; è vedere un ragazzo che dilata il paese dell'anima. Un ragazzo che sta diventando grande!

Il mondo è malato per mancanza di pensieri sani.

Benefattori dell'umanità

I genitori che insegnano ai figli a ben pensare sono benefattori dell'umanità quanto un Leonardo da Vinci, quanto un Alexander Fleming, lo scopritore della penicillina.
Il mondo è malato per mancanza di pensieri sani. Ogni piccolo gesto, ogni sillaba, ogni cenno di capo che vada nella direzione del ben pensare contribuisce a mantenere viva la speranza che la terra continui ad essere la casa dell'uomo.
Perché "il sonno della ragione genera mostri". *(Francisco Goya)*

*"Il dramma della nostra epoca
è che la stupidità si è messa a pensare".*

(Jean Cocteau, scrittore francese)

*"Riguardo alle cose umane,
non ridere, non piangere, non indignarsi,
ma capire".*

(Baruch Spinoza, filosofo)

Undicesimo comandamento: educare alla telecritica

Riflettiamo su quello che ci dice un esperto in problemi giovanili e bravo scrittore, *Teresio Bosco*: "Se le ricerche denunciano che prima del quattordicesimo anno il ragazzo assiste mediamente a undicimila assassini, ad un atto di violenza ogni otto minuti di spettacolo; se uno studio condotto a New York sugli adolescenti ha dimostrato che i tentativi di suicidi aumentano in modo statisticamente significativo nelle due settimane successive a trasmissioni televisive rappresentanti scene di suicidio; se è un dato accettato pacificamente che i comportamenti sessuali dei ragazzi sono influenzati e modificati da film che suggeriscono aberrazioni, aggressività e violenza, diventa undicesimo comandamento per genitori e insegnanti: educare criticamente alla TV".
Sì: educare criticamente alla TV!
Anche questo rientra nel nostro dovere di proteggere la mente del figlio, nel dovere di educarlo a pensare. Educare criticamente alla TV significa trasmettere al figlio tre idee concretissime: la prima, che la televisione, talora, è insincera; la seconda, che è quasi sempre illusoria; la terza, che è sempre discutibile. Vediamo nei dettagli.

La televisione talora è insincera

Per la televisione, soprattutto nel settore pubblicitario che è quello che influenza di più il bambino, non esi-

stono i grandi problemi. Esistono solo problemi superficiali ai quali si trova subito la risposta.
Le ascelle sono sudate? C'è il deodorante! L'alito è cattivo? Niente paura: c'è il dentifricio 'alito control'.
La biancheria è grigia? No problem: esiste il detersivo che "più bianco...".
Una vita troppo facile è sempre una vita falsa; la realtà è ben altra!
A questo punto deve scattare l'intervento del genitore intelligente che approfitta di mille occasioni per aprire gli occhi al figlio, per fargli sperimentare con mano come vita e televisione non combacino, come sia insincero il facilismo del video: deodoranti, dentifrici... non risolvono tutto!

La televisione è quasi sempre illusoria

È illusoria perché presenta un mondo troppo diverso da quello in cui, di fatto, il figlio vive.
In televisione "le mamme lasciano fare indulgenti, lasciano buttare la casa in aria, e vanno in visibilio se torni a casa sudicio, gioiscono se hai una feritina, perché così possono usare un certo disinfettante e applicare un certo cerotto. Mamme che sorridono sempre; passare la cera, per loro, è un divertimento...
Gli zii arrivano con cofanetti di caramelle, le zie con una nuova marca di caffè.
Anche papà è sempre sorridente, scattante, corre per i prati, gioca a tennis, non sgrida mai. Se è depresso per qualche motivo, beve una certa grappa od un certo amaro ed eccolo di nuovo in forma splendida!

Spenta la televisione, la realtà deve apparire ben grigia ad un bimbo. Perché la mamma non ha la vivacità, non è fresca e bella come l'attrice vista poco fa, pur usando la stessa saponetta? E il papà, perché non rincasa anche lui spensierato, come quello appena visto, e cantando comincia a dare la tinta alle pareti, oppure non si affaccia in cucina e si esalta sapendo che per il pranzo c'è carne in scatola?". *(L.Curino)*
Ecco: anche qui i genitori possono intervenire mostrando che il mondo televisivo è un mondo irreale, perché interessato alla vendita e al successo; un mondo che ti può far sognare e fantasticare, ma anche ingannare. La vita è più seria e più ricca di valori.

La televisione è sempre discutibile

Tutto è discutibile, anche quello che è predicato dalla televisione.
Ecco allora che possiamo dire al figlio: "Ti sembra giusto che quel personaggio visto nel film approfitti della sua forza? È onesto che il più debole sia schiacciato? Non ti pare che gli spot pubblicitari invece di venderci gioia, serenità, sicurezza, in realtà ci vendono solo formaggini, bitter e automobili? Non ti sembra che tutta quella spinta a comprare il superfluo sia un inganno perché non dice il prezzo umano che bisogna pagare: super lavoro, stanchezza, nervi tesi, niente più tempo da dedicare alla famiglia, agli amici...?".
I genitori che si comportano in questo modo, i geni-

tori, cioè che praticano la telecritica serena di un programma con i propri figli, in un clima di libertà e rispetto, non immaginano quale spinta danno alla loro crescita: alzano la soglia critica, trasmettono il senso del problema, il gusto della ricerca, l'abitudine ad usare la propria testa, il coraggio di esprimere la propria opinione.
Non è una conquista educativa altissima che merita tutto il nostro impegno?

"La differenza più grande tra gli uomini
non è quella che passa tra chi crede e chi non crede,
ma tra chi pensa e chi non pensa"
(Norberto Bobbio)

"Non è urgente che gli uomini credano,
ma che pensino".
(Carlo Maria Martini, cardinale)

Lo volete scolaro in piena forma?

I genitori hanno un peso notevole sul rendimento scolastico del figlio.
Certo, avete ragione a dire che la parte decisiva del successo è nelle mani del ragazzo: è lui che deve studiare, fare attenzione, impegnarsi.
Avete anche ragione a dire che una buona fetta di responsabilità l'hanno gli insegnanti con la loro preparazione, forse non sempre eccellente, con il loro senso del dovere non sempre lodevole, con la loro scarsa sensibilità psicologica.
Però resta certo che anche i genitori sono responsabili dell'andamento scolastico del figlio.
Ebbene, volete che il vostro ragazzo sia sempre uno scolaro in piena forma?
Seguite questo decalogo: potrà esservi utile.

1 Create un ambiente raccolto e sereno

Le discussioni e le urla in casa, la radio e la televisione sempre a tutto volume, provocano nervosismo e stordimento. Come può un ragazzo fare attenzione a scuola quando ha la mente imbottita di immagini e la mente saltellante come il telecomando che ha usato pomeriggio e sera?

2 Lasciatelo dormire.

Il ragazzo necessita di 8-10 ore di riposo al giorno. Dopo una serata tranquilla, lontana da spettacoli eccitati e eccitanti, sarà bene che si infili sotto le coperte attorno alle 21.

Anche qui: come può un ragazzo esser vivo a scuola se già vi entra morto perché è stato sveglio fino alle 23 o alla mezzanotte e oltre?

3 Nutritelo con intelligenza.

Al mattino, con tutta la famiglia seduta attorno al tavolo (questo sarebbe l'ideale!) fa un'abbondante colazione: latte, pane, marmellata, burro.
Nell'intervallo di mezza mattinata, poi, un buon frutto di stagione (una mela, un'arancia...) è sempre meglio delle più sofisticate merendine.

4 Lasciatelo muovere.

Il ragazzo ha un naturale bisogno di movimento fisico. L'ora di ginnastica è senz'altro utile, ma non sufficiente. Un'ora e mezza di moto dopo pranzo è indispensabile per scaricare la tensione accumulata nella mattinata.

5 Lasciatelo giocare.

Il bambino prima di essere scolaro è sempre bambino. Ora, è proprio il gioco che gli permette d'essere tale. Per un ragazzo, giocare, non è mai tempo perso: è tutta esperienza che entra. Gli scolari più distratti sono spesso quelli che non sanno giocare o che giocano male.

6 Ai corsi extrascolastici si può dire "sì", a condizione che il loro impegno non superi un massimo di 3-4 ore settimanali.

7 Un'ora, un'ora e mezza di televisione al giorno può bastare. Di più è troppo, sia per il fisico (vista e apparato osseo e nervoso), sia per un'equilibrata crescita psicologica e spirituale.

8 Non aspettatevi troppo (ma neppure troppo poco). Non pretendete che sia il primo della classe. Vi sono genitori che trasmettono al figlio l'ansia dell'interrogazione, del brutto giudizio, dell'insuccesso. E, proprio allora, l'insuccesso arriva puntuale.

9 Non giudicate gli insegnanti in presenza del figlio. Piuttosto, se qualcosa non funziona, cercate di avere un colloquio franco con i maestri ed i professori. Quanto più l'intesa e la collaborazione scuola-famiglia sono profonde e leali, tanto più il fanciullo ne trae beneficio.

10 Alla domenica, poi, si sta tutti insieme: ci si diverte, si parla, si fa una scampagnata...
Ecco: se seguirete questi consigli, il vostro ragazzo si presenterà tutte le mattine a scuola in *pole position*, in piena forma, preparato per essere uno scolaro attento, calmo, sereno.

● Sono sempre più numerosi i figli che fanno scattare i genitori, gli alunni che fanno tremare gli insegnanti.
Da quando mai è la trota che deve pescare il pescatore?

● "Un bambino ha bisogno di un po'di mamma, di un po' di papà, di un po' di scuola materna, ma anche di un po' d'indifferenza". (*Urie Brofenbrenner*)

● Genitore da premio Nobel è quello che sovente si pone la domanda: "Io, alla sua età, che cosa avrei voluto sentirmi dire da mio padre e da mia madre in questo momento?".

● Si può essere 'buoni' genitori senza essere 'simpatici'. Qualche volta è necessario apparire 'cattivi' agli occhi dei figli, ad esempio quando neghiamo qualcosa che può far loro del male.
Detto in breve: 'amare' sempre, non 'piacere' sempre!

Comandare

Il bambino deve essere guidato, non guidare!

Diciamolo subito: chi vuole educare deve comandare.

A prima vista l'affermazione può sembrare forte, esagerata, autoritaria.

In realtà è il bambino stesso ad attendere i nostri comandi.

Già sappiamo che i bisogni fondamentali del figlio sono tre: bisogno di sazietà (bisogno di cibo), bisogno d'amore, bisogno di sicurezza. Ebbene, la sicurezza gli viene dalla nostra fermezza, dal nostro comando.

Dunque non gli facciamo nessuna violenza a comandare.

E neppure dobbiamo pensare che il comando ci faccia perdere l'applauso e l'affetto del figlio.

Non si fa violenza a comandare.

La verità sta tutta all'opposto: se lo comandiamo, dimostriamo di pensare a lui, di interessarci di lui, di volergli bene. Lo stesso *Benjamin Spock* (il famoso pediatra statunitense accusato di aver guastato milioni di bambini per le sue idee troppo lassiste) diceva: "Il bambino ha bisogno di una guida sicura: si sente infelice se non la trova nei genitori".

Ma passiamo subito al concreto.

Dunque, come comandare?

Ecco: perché il comando sia pedagogicamente accettabile, deve avere sei doti.

Comando raro.

Insistere troppo, comandare in continuazione ("Non correre; attento a dove metti i piedi; saluta il signore; non sporcarti; pulisciti il naso..."), oltre ad irritare il bambino, fa perdere efficacia ai comandi.

Chiaro? Usiamo il misurino a dare ordini!

Comando concorde.

Gli ordini dati dai genitori devono essere gli stessi di quelli dati dai nonni, dagli zii, dalle zie. Se non c'è un'unica strategia educativa, non si combinano che pasticci. Mai come in questo caso è indovinato il proverbio che dice: "Troppi comandanti portano la nave in montagna".

Comando costante.

Il comando non deve dipendere dai nostri umori. Se al lunedì proibiamo quello che al martedì concediamo, il figlio non capisce più nulla, si sente disorientato, insicuro. Il bambino deve capire che comandiamo perché la cosa va fatta o non fatta in quanto è buona o cattiva in sé, indipendentemente dai nostri quarti di luna.

Comando illuminante.

Comandare, ad esempio, con molta forza, di dire "Grazie", di salutare..., ed invece accontentarsi di un semplice invito, oppure addirittura tacere quando si tratta di bugia, non è dare un comando illuminante: non è aiutare il figlio a formarsi giusti giudizi morali.

Comando esigente.

Abbiamo appena detto che è bene andare adagio a dare ordini, ma quando abbiamo stabilito una cosa perché la riteniamo giusta, guardiamoci bene dal cedere, anche se il bambino strilla, pesta i piedi, fa capricci da manuale. Mollare, significa far scattare nella mente del piccolo la convinzione che con i capricci può ottenere quel che vuole. Ed allora, addio educazione!

Comando giustificato.

Il comando urlato e liquidato con un "Qui comando io!", non costruisce. Per essere buono, il comando deve far comprendere il motivo, la ragione dell'ordine, in modo che il figlio, gradualmente, arrivi a capire che ciò che ora fa per *comando*, lo dovrà fare sempre per *dovere*.

Si comanda per non dover più comandare.

Solo se è giustificato, il comando raggiunge il suo scopo. Infatti, qual è il motivo per cui l'educatore comanda? L'educatore comanda per non dover più comandare! Si comanda perché chi ci è affidato impari ad essere buono non per legge, ma per convinzione. Impari ad esser buono da solo.

"Per paura di dare delle regole
abbiamo lasciato i ragazzi sguazzare
in una falsa libertà".
(Massimo Gramellini, scrittore)

Vivere senza comandi,
è come giocare a tennis senza rete.

Bisogno di guida

Il famoso pediatra americano Benjamin Spock che già abbiamo citato, e che, come sappiamo, è stato accusato per le sue idee pedagogiche troppo lassiste, ad un certo punto della vita di studioso, ha sentito il dovere di dire: "Ci sono dei momenti in cui il bambino ha bisogno di trovare nei genitori un atteggiamento severo, deciso, sicuro. Un bambino che le ha sempre tutte vinte, che può fare qualsiasi cosa senza che nessuno gli dica: 'No, questo non si fa', un bambino lasciato, insomma, completamente in balia di se stesso, non avrà mai un senso del limite. Non avrà nessuna sicurezza su ciò che è giusto o non è giusto fare.

Non avrà nessun riferimento, nessuna guida interiore, perché gli è mancata la prima guida che ogni bambino ha bisogno di avere: quella dei genitori. Vivrà senza mai uscire da quel senso di onnipotenza infantile che da bambino ne faceva un piccolo tiranno infelice.

Un bambino ha bisogno di una guida sicura, senza di essa si sente infelice.

Ed anche i genitori non sono felici. In una famiglia regna il caos quando i bambini sfuggono di mano, fanno tutto quello che vogliono. Senza mai essere contenti.

Il grosso rischio di molti genitori, oggi come in passato, è quello di confondere la flessibilità con una indulgenza assoluta che a volte rasenta l'indifferenza: ma sì, fa quello che ti pare!
Chi non interviene mai con fermezza, e si lascia tiranneggiare, a volte insultare dai figli, ha rinunciato al principio fondamentale di ogni educazione".

Grazie, Benjamin Spock, più chiaro di così non poteva essere!

La carta nel cestino

Albino Luciani, il futuro papa Giovanni Paolo I, racconta: "Alla fermata del tram una mamma diede al suo bambino una merendina. Egli la prese, la scartò e gettò a terra la carta. Vicino c'era un cestino per i rifiuti.
Un passante disse al bambino: "Perché non hai gettato la carta nel cestino?".
La mamma, infuriata, intervenne: "Che cosa c'entra lei? Mio figlio fa quello che vuole!".
Rispose quella persona: "Bene, signora, speriamo che a vent'anni suo figlio non decida di buttare lei per terra!".

Un ricco strumento pedagogico.

- Il comando insegna a selezionare: non tutto è lecito!
- Il comando crea disciplina interiore.
- Il comando è fonte di sicurezza.
- Il comando rafforza la volontà.
- Il comando ricorda che esistono regole, paletti: c'è il verde, ma anche il rosso.
- Il comando aiuta l'intelligenza: tutti i neuropsichiatri infantili osservano che un bambino, se viene abbandonato a se stesso, diventa un ritardato mentale.

"Più i bambini sono piccoli,
più hanno bisogno di sentire che i grandi
hanno il controllo della situazione.
Se avvertono questo, cresceranno più sicuri".

(Anna Oliverio Ferraris, psicologa)

Il bravo allenatore non dice ai ragazzi:
"Non dovete fumare, non dovete andare a letto
troppo tardi, non dovete...". Ma dice:
"Dovete diventare campioni. Per questo non dovete...".

Quando sei al supermarket,
non chiedere al bambino:
"Van bene questi pomodori?".
Il bambino deve essere guidato, non guidare!

Castigare

"Chi non punisce il male, comanda che si faccia".
(Leonardo da Vinci)

La parola 'castigo' può apparire antipatica, eppure dobbiamo tenerla viva.
'Castigare', infatti, non significa far soffrire, tanto meno umiliare, ma significa correggere, emendare, illuminare.
Ecco perché nessun pedagogista serio ha mai sostenuto che non si possa, anzi, che non si debba castigare quando chi ci è affidato non si comporta bene.
Si tratterà di scegliere il castigo giusto e di darlo nel modo giusto.
Vediamo.
Intanto, per conoscere il castigo giusto, dobbiamo aver presenti i vari tipi di castigo di cui possiamo disporre.

La tabella dei castighi.

I competenti elencano almeno cinque tipi di castighi.

Nessun pedagogista serio ha mai sostenuto che non si possa castigare.

- Abbiamo **il castigo corporale**, il castigo, cioè, delle sberle, dei ceffoni, delle menate...

Tale castigo è pedagogicamente inaccettabile. Non produce che danni: umilia chi lo riceve; crea risentimenti; fa star buoni solo per paura.

- Abbiamo **il castigo della derisione**, della presa in giro, del sarcasmo. "Ecco il nostro signorino! Ecco il nostro lattante di 12 anni!".

Questo tipo di castigo non va mai praticato. Tra tutti, è il più pericoloso e dannoso: non corregge, ma offende.

- Abbiamo **il castigo delle privazioni di comodi e di piaceri**. "Oggi niente patatine fritte". "Questa sera addio televisione!"...

Tale castigo è lecito perché, oltre ad avvertire del male fatto, propone un sacrificio, sempre utile per la formazione della volontà.

- Abbiamo **il castigo** cosiddetto **morale**. È il castigo che consiste nel mostrarci tristi, dispiaciuti, delusi, silenziosi (a volte il silenzio racconta molto più delle frasi gridate) per il male fatto dal figlio.

Questo tipo di castigo può essere fortemente sentito, soprattutto dal bambino.

È praticabile a condizione che non duri troppo a lungo: dopo breve tempo, il figlio deve sentirsi reinserito, nuovamente, nel nostro amore, nella nostra stima.

- Finalmente, abbiamo **il castigo** che deriva **come conseguenza naturale** del male fatto. "Hai voluto mangiare troppi dolci, adesso hai mal di pancia"; "Non hai voluto coprirti abbastanza, adesso hai la febbre"...

Tale tipo di castigo è praticabile solo se l'esperienza non è troppo rischiosa. Altrimenti sarebbe come dire: "Hai voluto fare il bagno senza saper nuotare, e sei annegato!".

Comunque, di per sé, il castigo come conseguenza naturale di un disordine, ha notevoli vantaggi: è obiettivo, è uguale per tutti, è immediato, è

capace di orientare sul da farsi.
A questo punto resta da vedere **come** castigare.

Castigheremo così.

- È bene castigare **con calma**, senza alzare la voce. Certo non sempre sarà facile, però dobbiamo fare di tutto per riuscirvi. Quanto più basso è il livello della nostra agitazione, tanto più alta è l'efficacia del castigo.
- Castighiamo **subito**, senza "aspettare che arrivi papà!". Oltre all'idea che il figlio può farsi del papà come castigamatti, il bambino può non vedere più la connessione tra il male compiuto al mattino e la punizione data alla sera.
- Castighiamo **da intelligenti**. Il castigo deve illuminare la coscienza del figlio: per questo deve essere proporzionato al male fatto. Non sarebbe un castigo intelligente fare tutta una scenata per le mani sporche a tavola e limitarci a qualche benevolo richiamo quando il figlio fa dispetti a qualcuno.
- **Lasciamo correre** qualche volta.

Facciamo finta di non vedere sempre, di non accorgerci di tutto. D'altronde Dio ci ha dato gli occhi per aprirli, ma anche le palpebre per chiuderli! Un genitore cerbero a cui non ne scappa mai una, è tra i più antipatici ricordi che si possa avere nella vita.
Non solo, ma non lasciar mai correre, può provocare rabbia, risentimento. Lo dice bene il proverbio orientale: "Un gatto messo all'angolo può diventare un leone".

• Una volta passato il castigo, chiudiamo l'incidente e **non parliamone più**.
I figli non possono sopportare i genitori che tutte le sere riscaldano i loro peccati!

Le sberle servono?

Ci sono parse molto sagge queste riflessioni sulla sberla dello psichiatra *Vittorino Andreoli.*
Leggiamole: sono illuminanti.
"La sberla non risolve mai problemi che maniere diverse sarebbero in grado di risolvere. Essa crea subito un clima d'inimicizia e di odio tra persone che hanno invece bisogno del reciproco sostegno e amore.
In altre parole, la sberla è sempre violenza, e tutto quanto cerca poi di giustificarla rappresenta soltanto un tentativo di coprire un danno e una colpa con belle frasi e convincimenti errati.
La sberla è la porta attraverso cui può passare ogni tipo di violazione, e quindi ogni tipo di abuso sui bambini.
Non ci si può basare sul ricordo di qualche sberla ricevuta nella nostra lontana infanzia e a cui oggi attacchiamo risultati positivi. I bambini di oggi sono diversi, hanno una fragilità particolare, e quindi quello stesso gesto ha su di loro conseguenze e vissuti differenti.
Nel tempo presente un bambino può vivere quella sberla come un abbandono totale, come un rifiuto, e quindi sentirsi solo, perduto, cattivo.

Se si dà una sberla - ma io non la giustifico mai - si deve almeno poterla inserire all'interno di una storia a lieto fine, quindi con la rassicurazione che non ha spostato minimamente il voler bene e la carica del legame d'amore. Spiegarla, cioè, come gesto dentro un panorama di stabilità e di rassicurazione".

"Solo chi ama ha il diritto di castigare".
(Tagore, poeta)

"I genitori troppo morbidi
sono quelli che fanno
le peggiori ingiustizie ai figli".
(Gaspare Barbiellini Amidei, scrittore)

"Punire è come curare;
il malato può non guarire,
non per questo lo lascio senza cure".
(Guido Ceronetti, scrittore)

- I genitori-turbo, cioè i genitori che vogliono accelerare il figlio (a tre anni deve leggere, a quattro deve suonare, a cinque deve ballare...) dimenticano una collaudata verità: *'partire'* prima, non significa *'arrivare'* prima!

- Se il figlio è considerato una ricotta, un buono a nulla, finirà per crederlo anche lui.
In pedagogia non vale il noto "più lo mandi giù e più ti tira su" di un certo caffé; qui, più lo mandi giù e più lui resta giù!

- Jacques Villeneuve, figlio del grandissimo campione di Formula I, Gilles Villeneuve, un giorno ha detto: "Chiamarsi Villeneuve da una parte è un vantaggio, ma dall'altra è una sfortuna, perché tutti si aspettano da me sempre grandi cose. Lasciatemi essere me stesso!".

- "I bambini sono così belli finché sono piccoli, peccato che crescano!".
E' una frase che è vera solo fino a metà: "I bambini sono così belli finché sono piccoli!". Esatto!
Perciò godetevi il bambino: abbracciatelo, coccolatelo, baciatelo.
"Peccato che crescano!". No, questo non è peccato! Crescere è il primo diritto del bambino. Il bambino deve, sì, 'essere' bambino, ma non 'restare' bambino.

Perdonare

Il perdono rallegra due persone:
chi lo dà e chi lo riceve.

'Perdono' è una parola che guarisce e arricchisce. Niente è più facile che provarlo.

-Il perdono porta un'ondata d'aria buona nel mondo dei sentimenti. Disinquina la nostra 'pattumiera' emotiva, troppe volte triste, fredda, aggressiva.

-Il perdono rallegra due persone: chi lo dà e chi lo riceve. Rallegra soprattutto chi lo dà. Il grande oratore francese *Henri Lacordaire* era solito dire: "Volete essere felici per un istante? Vendicatevi! Volete essere felici per sempre? Perdonate!".

-Il perdono è la strada maestra del disgelo. Guai se nessuno perdonasse! La convivenza umana sarebbe un groviglio di vipere. A cominciare dalla famiglia. Una volta un matrimonialista ha detto: "Prima del matrimonio, aprite bene tutti e due gli occhi; dopo il matrimonio chiudetene uno!". Sembra una battuta, in realtà è ben più: il perdono è l'unica arma intelligente!

Il perdono è la medicina di Dio e la forza dell'uomo.

-Il perdono è saggezza. La legge dell'occhio per occhio, non fa che aumentare il paese dei ciechi! Con il perdono interrompiamo la spirale dell'odio.

Ecco alcune meraviglie del perdono.

A condizione che sia vero perdono.

Perdono non è 'buonismo': non è accettare il male.

Perdono non è essere indifferenti: non è confondere

ciò che è bene con ciò che è male.
Perdonare è riconoscere che nessuno è perfetto, che tutti si può sbagliare. Quando si punta il dito contro qualcuno, quattro dita restano puntate verso chi accusa. Come un autogol!
Il perdono è amore allo stato puro. Un padre ed una madre che perdonano il figlio, lo amano come Dio, il Padre che ha abbracciato e baciato il figlio che si era allontanato da casa (*Lc 15, 11-31*).
Ecco il perdono: un abbraccio e un bacio!
Il perdono pieno dei genitori mette al figlio la voglia di riprendere a camminare.
Il perdono pieno ce lo ravvicina di più. Ci aiuta a capire questa verità un dolce racconto ebraico.

Quando si punta il dito contro qualcuno, quattro dita restano puntate verso chi accusa.

Ognuno di noi è legato a Dio con un filo. Quando commettiamo un peccato, il filo si rompe. Ma quando ci pentiamo della nostra colpa, Dio fa un nodo al filo, che così diventa più corto di prima e ci avvicina di più a Dio. Bello, no?
Grandezza del perdono! Diceva bene *Gandhi*: "Solamente chi è forte è capace di perdonare".
Nobiltà del perdono! Un proverbio indiano recita: "L'uomo che perdona è come il legno di sandalo che profuma l'accetta quando lo colpisce".
Un padre ed una madre che non dicono mai: "Questa me l'attacco al dito"; un padre ed una madre che sanno comprendere, che sanno scusare; un padre ed una madre che sanno perdonare, non si possono dimenticare!

Sono riuscito a non odiare nessuno

Quando lo scrittore *Giovanni Guareschi* tornò dai campi di concentramento, la moglie Ennia non mancò di cogliere negli occhi del reduce un inconfondibile lampo di fierezza, per cui gli fece osservare: "Giovannino, sembra che abbia vinto la guerra...". E lui replicò calmo: "Sì, mi sento vincitore perché in diciannove mesi sono riuscito a non odiare nessuno!". Stupendo!
Il perdono autentico è un capolavoro di umanità.

"Quando Dio creò il mondo,
non riusciva a farlo stare diritto.
Continuava a cadere.
Allora creò il perdono
e il mondo si resse in piedi".

(Sapienza ebraica)

Ancor oggi si perdona

Il filosofo *Lacoue-Labarthe* afferma: "Qualche cosa mi dice che è la parola più umile, e la più difficile, quella parola che tutto l'Occidente non ha mai potuto pronunciare, e che dobbiamo imparare a dire, senza la quale sprofonderemo: la parola perdono".
Eppure ancor oggi si perdona.
Qualche anno fa un'inchiesta ha fatto la 'classifica' dei perdoni celebri: il papa Giovanni Paolo II che perdonò l'uomo che gli ha sparato (54%); i genitori che hanno perdonato il ragazzo che ha ucciso la loro figlia, perché voleva lasciarlo (45%); il cancelliere tedesco Willy Brandt in ginocchio, nel 1970, davanti al monumento del ghetto di Varsavia (30%); la figlia di Aldo Moro che perdonò i brigatisti rossi colpevoli dell'assassinio di suo padre (20%).

Far faticare

Non facciamoli crescere col sedere nel burro!

"A mio figlio non deve mancare niente; non voglio che soffra quello che ho sofferto io, non voglio che faccia la vita che ho fatto io...": è un ritornello.
E così si dà al figlio non solo tutto il necessario, ma anche il superfluo e qualcosa di più.
Nessuno ci fraintenda! Non vogliamo vedere i ragazzi soffrire; non vogliamo ritornare al pane nero né al lavoro dell'operaio e del contadino aggiogati alla fatica come i buoi all'aratro.
Ciò che vogliamo dire è ben altra cosa.
Vogliamo ricordare che troppo 'benessere' finisce con l'uccidere l''essere'. Il benessere può ingrandire il corpo, ma non abbellire l'anima. Il solo benessere fa uomini cresciuti di fuori: uomini 'grossi', non uomini 'grandi'.

Viziare è sempre ingannare.

Vogliamo dire che viziare è sempre ingannare. La vita non è un lecca-lecca continuo, non è una crociera; non tutti i giorni è Natale o il compleanno.
Educare è anche far faticare! Educare è porre ostacoli, proporzionati, s'intende, allo sviluppo fisico e psichico del figlio.
Parliamoci chiaro: cosa succede quando il ragazzo non si sente mai dire "no"?
Succedono solo pasticci. Ormai, dopo tanta pedagogia permissiva, lo ammettono tutti.
"I 'no' aiutano a crescere" (*Maria Luigia Pace*, psicologa); "un bambino abituato a delle regole è

sicuramente un bambino, un ragazzo, un adolescente più capace a far fronte alle difficoltà" (*Giovanni Bollea*, psichiatra); al contrario, un bambino abbandonato a se stesso, diventa "un rompiscatole, un adulto instabile, nevrotico, infantile" (*Silvano Sanchioni*, assistente sociale); "un bambino non abituato, fin dall'inizio della vita, a limitarsi, può facilmente diventare un piccolo despota" (*Renata Rizzitelli*, psicologa).

Per non allevare un piccolo despota.

È chiaro, ora, perché parliamo di ostacolo. Tutto ciò che è troppo dolce e caramelloso è contro l'uomo vero, contro il suo emergere. Senza gli ostacoli, le onde non si spingono in alto!

È la mancanza di ostacoli, di sacrifici, di rinunce, che è la responsabile di tre antipatiche malattie della personalità.

Il conformismo di chi non ha la grinta di andare contro corrente.

Il minimismo di chi alla minima difficoltà va subito in ginocchio e non si alza più.

Il pilatismo di chi non si compromette: preferisce lavarsi le mani e lasciare che decidano e vivano gli altri.

Lo psicologo americano *William James* era solito dire ai suoi studenti universitari: "Fate tutti i giorni due cose, solo perché vi piacerebbe non farle".

Consiglio saggissimo!

Infatti solo il ragazzo che ha la fortuna di incontrare la pedagogia della difficoltà, sarà un ragazzo capace di compiere il proprio dovere; un ragazzo che tiene duro anche quando il sole picchia forte. In una parola, un prezioso ragazzo in salita!

La vite e il potatore

Un giorno la vite disse al potatore: "Perché mi stai venendo incontro con quelle forbici? Forse mi vuoi potare come si faceva ai tempi d'una volta? Buttala via: non sai che adesso i tempi sono cambiati?".
"Già, rispose il padrone. A pensarci bene non hai torto. Non siamo più ai tempi d'una volta".
E poiché i tempi erano cambiati, non la potò.
Ma in autunno la vite non ebbe uva.
Come al solito, vennero gli amici per assaggiare il vino nuovo. "Non c'è vino nuovo. I tempi sono cambiati!", disse, sconsolato, il proprietario della vigna.

"Il pensiero di poter evitare tutte le battaglie,
le delusioni, i dispiaceri, è un pensiero folle perché
la vita non è così! Anzi, è ben diversa:
la vita è fatta di combattimento".

(Marcello Bernardi, pediatra)

Bentornato sacrificio!

È pericoloso stare a lungo senza soffrire.
Una giornata senza sacrifici è una giornata di sconfitte: la volontà si allenta; il nemico (pigrizia, egoismo, animalità...) troverà più facile vincere.
Che fare, dunque?
La risposta è chiara: riaprire la porta al sacrificio!
I sacrifici si possono dividere in due categorie: quelli passivi e quelli attivi.
I primi sono i sacrifici imposti dalla vita stessa: il lavoro, lo studio, la professione, i disturbi di salute, la convivenza umana...
I secondi sono i sacrifici cercati, voluti, preparati da noi stessi.
Qualche esempio? Saltare giù dal letto elettricamente al primo squillo della sveglia; mangiare le carote che non piacciono; bere un caffé amaro; soffrire il mal di denti senza dirlo a nessuno; aspettare che tutti si siano serviti; praticare il digiuno televisivo; non fare telefonate chilometriche...
Forse qualcuno potrà anche sorridere.
Eppure sono proprio questi preziosi sacrifici che tengono a galla la volontà, perché possa sopportare il prezzo del vivere umano.

Nessuno sorrida: il sacrificio non è un'idea che poteva valere prima di Freud. Anche dopo Freud deve restare nella nostra pedagogia.
Deve restare perché il comodismo è un inganno: la vita non è zucchero filato!
Deve restare perché "chi non sa negarsi qualcosa di lecito, difficilmente potrà evitare le cose proibite" (*Toth Thiamer*, scrittore ungherese).
Deve restare perché (è una riflessione molto fine!) "una grande felicità ha bisogno di grandi ostacoli" (*Robert Musil*, scrittore austriaco).
Tra gioia e sacrificio, infatti, vi è come un rapporto di gemellaggio. La felicità cresce sulla pianta che ha radici a forma di croce, si dice in Africa. D'altronde non è forse vero che una vita troppo facile diventa presto una vita noiosa? Dobbiamo dare ragione a *Gandhi*: "La storia del mondo sta lì a dimostrare che non vi sarebbe alcunché di romantico nella vita, se non esistessero i rischi".

"Troppo benessere genera il mal-essere;
genera i gaudenti scontenti;
genera il disagio dell'agio".
(Paolo Crepet, psichiatra)

Il bambino e il dolore

Purtroppo anche il nostro bambino, domani, apparterrà al popolo dei malati. Non c'è via di scampo: un giorno o l'altro incontrerà, lui pure, il dolore. È da saggi, dunque, prepararlo a tale incontro.
In che modo?
La strada migliore è quella di non eliminare, fin d'ora, ogni dolore dalla vita del figlio.
Viviamo in un'epoca nella quale si fa tutto il possibile per scansare ciò che è spiacevole. Il dolore ci terrorizza più di ieri.
Quando ero bambino, tagliarsi con un coltello o farsi male cadendo dai muretti...era cosa di ordinaria amministrazione. Il taglio di oggi non è diverso da quello di settant'anni fa, però fa più male. Perché ?
La risposta ce la dà chi nel secolo scorso fu il più famoso pediatra italiano, *Marcello Bernardi*: il dolore di oggi fa più male di quello di ieri perché "stiamo andando verso una cultura che cerca di risparmiare al nostro corpo qualsiasi disagio di qualsiasi tipo. Corriamo il rischio di creare un essere umano psicologicamente incapace di affrontare qualsiasi tipo di lesione o di privazione, incapace di stare due ore senza bere, di uscire senza gli stivaloni col

piede dentro, di fare le palle di neve perché gli si gelano le mani...".
Più chiaro di così il grande pediatra non poteva essere!
Vogliamo che il nostro bambino sia preparato all'inevitabile incontro col dolore? Diamogli un'infanzia felice, ma non sempre facile. Un'infanzia tutta dorata, tutta ovattata, non solo è una truffa, come abbiamo detto, ma è anche un grave danno per il figlio. Aveva ragione *Niccolò Tommaseo* a dire che "l'uomo che non incontra il dolore, rimane sempre bambino".

"Nel paese dei balocchi è urgente vendere chiodi".
(Antonio Mazzi, sacerdote)

Gli aquiloni per sollevarsi
hanno bisogno di vento contrario, non a favore.

"Non è la via che è difficile,
ma il difficile che è la via".
(Soeren Kierkegaard, filossofo)

- In un mondo di sederini famosi, di nutelle, di auto lunghe di qui a là..., ci vuole una terapia d'urto: la terapia dei Valori.
Senza Valori, l'uomo è solo corpo; senza Valori, si accontenta di razzolare; senza Valori, si allevano cuccioloni; senza Valori, la società genera mostri!

- Se manca l'amore, la casa diventa uno spogliatoio per cambiare abiti, un dormitorio per andare a dormire, una trattoria dove si mangia brontolando e si esce senza aver pagato il conto.

- Così si confida Carlo Rubbia, premio Nobel per la Fisica 1984: "Sono contento di non essere stato viziato. Considero una sventura avere dei privilegi nell'infanzia. La mia infanzia è stata dura, non ho conosciuto il benessere, e trovo che nascere in una situazione di sana povertà sia il miglior bagaglio che si possa dare ad un bambino".

- Avere un figlio significa essere incastrati.
O lo formiamo o lo deformiamo. Anche senza volerlo, lo 'timbriamo', gli diamo l'impronta, come ha dimostrato Konrad Lorenz, lo studioso del comportamento degli animali.
Insomma, non si può scappare: il figlio è la nostra eco. Non si può scherzare!

Saper dire no

"Se mi vuoi bene, dimmi no!".

Basta un attimo a dire no. Eppure quell'attimo può avere conseguenze lunghissime: può preparare un uomo riuscito o un uomo fallito.
È vero che esiste anche il sì, non meno importante; però oggi, forse, è più urgente ricordarci che esiste anche il no.
Non abbiamo figli un po'viziatelli? Allora, e se smettessimo di essere troppo arrendevoli e, qualche volta, dicessimo un bel no?
I no ci vogliono almeno per quattro ragioni.

- Intanto perché ***danno sicurezza***.

I no avvertono il figlio che vi sono dei limiti, dei paletti e quindi lo tolgono dall'ansia, dall'insicurezza, dalla tensione che derivano dal non saper cosa fare.

- I no ***irrobustiscono l'io***.

Preparano il figlio alle inevitabili delusioni della vita: un brutto voto a scuola, il tradimento dell'amico del cuore... Senza nessuna esperienza del no, al primo scoglio il ragazzo può rischiare il naufragio.

Non abbiamo figli un po' viziatelli?

- I no ***avvertono che vi è un'autorità***.

Il rapporto educativo, già sappiamo, deve essere asimmetrico: il genitore, cioè, deve porsi su un gradino più alto del figlio. È il piccolo stesso a volerlo: a lui serve una persona autorevole, non un amico, non un camerata.

- Finalmente, i no ***rendono più simpatico il figlio***.

Uno al quale è sempre permesso di fare quello che gli pare e piace, è incapace di adattarsi agli altri, alle loro esigenze: non pensa che a sé, ai suoi comodi, ai suoi interessi. Un figlio che si è mai sentito dire 'No!', cresce selvaggio, incivile, instabile, nevrotico, rompiscatole, piantagrane.

Cosa vogliamo di più per convincerci che dobbiamo pure tirar fuori dal vocabolario la preziosa sillaba "No!"?

Lo stile dei no

I no vanno detti con stile.

Uno stile che richiede, almeno, tre caratteri.

Non urlati.

Se gridati, se urlati, i no potrebbero essere interpretati come dipendenti dal nostro umore del momento e non già come una decisione presa per impedire qualcosa che non si deve compiere indipendentemente dal nostro 'raptus'.

Misurati.

"No!": sillaba preziosa!

Quando i no sono troppo frequenti, perdono efficacia, come le leggi. Perché in Italia si infrangono così di frequente? Una ragione è anche questa: perché sono troppe. Mentre in Francia ed in Germania sono sui settemila, da noi le leggi superano le centocinquantamila! Dunque, misurare i no. Ha ragione il professor *Franco Frabboni*: "Censurando sempre le scelte dei figli, si rischia di frustrare la loro creatività e di renderli più insicuri". E porta un esempio: "Dai tre anni in poi per i piccoli è molto importante che possano scegliere liberamente cosa indossare".

Giustificati.

Ogni no deve avere una ragione, una ragione che va spiegata al figlio, tenendo, ovviamente, conto dello sviluppo di maturazione raggiunto.

Giustificando il no, illuminiamo il figlio, lo orientiamo, lo facciamo crescere. Siamo autorevoli, non autoritari. La differenza tra i due termini è nota: 'autorevole' è chi fa crescere (dal latino 'augere': 'far crescere'); autoritario è chi schiaccia, chi mortifica, chi frena, senza una vera motivazione.

Quali no?

È impossibile, in ogni caso, fare l'elenco completo dei no da dire ai figli. Ci limitiamo a quelli che ci sembrano i più importanti ed urgenti.

- **No alle mode.**

Dove è scritto che tutti i ragazzi debbano avere lo stesso zainetto, che tutti a Natale debbano ricevere montagne di regali? "Mamme e papà - esorta lo psicologo *Fulvio Scaparro* - imparate dai salmoni che vanno contro corrente. Sbarazzatevi dei copioni". Insomma, non siate genitori carta-carbone.

- **No al servizio.**

Perché la mamma deve continuare ad insaponare il figlio, ad allacciargli le scarpe, ed il papà a sbucciargli la mela? Qualche anno fa il sociologo *Francesco Alberoni* ha lanciato un messaggio: "Basta con i vizi ai figli: se la cavino da soli!". Tutti i pedagogisti gli hanno battuto le mani. E se fossimo d'accordo anche noi?

- **No all'indulgenza plenaria e al cuore di panna.**

Concedere tutto ai figli è tradirli: non si può vivere in pantofole!

- **No alle continue richieste.**

"Me lo compri?"; "voglio questo"; "dammi quello"... Ad un certo punto bisogna dire: "No!". "Ne hai abbastanza!". "È inutile insistere: sarebbe troppo". "Questo non è per nulla necessario"...

Parole sapienti. Parole benefiche. Parole che forgiano un uomo capace di attraversare la vita da uomo.

Otto "No" per noi!

1 No alle prediche.

Le prediche indispongono. Quasi sempre aggravano la situazione.

Buttiamole nel pozzo!

2 No al 'complesso di Mozart'

Mozart a soli cinque anni componeva già sinfonie. Il nostro bambino può avere talenti che richiedono più tempo per maturare. Non acceleriamolo. Non è tirando su lo stelo che si fa crescere il grano!

3 No al solo dare.

Ai bambini occorre anche chiedere. Per fortuna ai piccoli piace, quasi sempre, aiutarci, darci una mano. Piace e fa loro bene.

4 No alla soddisfazione immediata.

Se il desiderio è immediatamente soddisfatto, è la morte del desiderio. Dare sempre immediata soddisfazione al figlio, è rubargli l'esperienza del sogno. Furto gravissimo!

5 No alla seduzione.

"Se stai bravo", "se dai un bacio alla zia"... Il ricatto non educa. Il ricatto può formare un piccolo mercante. "Mi conviene studiare tanto, per avere quel dono?"...

6 No alle parole al vetriolo.

"Buono a nulla", "sai fare solo pasticci", "questa me l'attacco al dito"...

7 No al lamento.

"Non possiamo più educarli", "la televisione ce li guasta", "la scuola ce li ruba"... Grazie a Dio, l'uomo è programmato per togliersi d'impaccio, per vincere le sfide, anche quella della televisione.

8 No alle recite.

Il figlio è infallibile: annusa immediatamente se siamo banderuole o robuste personalità che dicono quello che pensano e fanno quello che dicono.

Più la società è indulgente,
più l'educazione dovrebbe essere rigida.
Infatti, occorre avere acquistato
una notevole autodisciplina
per non abusare di quella indulgenza
contro se stessi e gli altri.

"Si abbassano le vette per far meno fatica,
e così i ragazzi vivono nella palude".
(Severino Poletto, cardinale)

Il "Bambolo"

C'era una volta un bambino al quale la mamma e il papà dicevano sempre no.
"Voglio fare una corsa fuori!". "No: è pericoloso", gli rispondevano i genitori.
"Voglio giocare con l'acqua!". "No: può far danno", gli rispondevano i genitori.
"Voglio farmi una casetta con i cuscini del salotto!". "No: metti in disordine", gli rispondevano i genitori.
"Voglio suonare il tamburello". "No: disturbi", gli rispondevano i genitori.
"Voglio andare a divertirmi sulla neve!". "No: ti gelano i piedi", gli rispondevano i genitori.
Stanco di sentirsi dire sempre no, il bambino, un giorno, provò ancora a fare una richiesta: "Voglio guardare la televisione".
"Oh, bravo!", gli risposero i genitori. "Così stai fermo, non sporchi, non disturbi, non sudi, non ti bagni i piedi, non corri pericoli".
Il bambino si sedette davanti alla televisione: immobile, con gli occhi fissi, incantato.
Arrivata la sera, i genitori andarono a chiamarlo per metterlo a dormire.
Lo chiamarono una, due, tre, quattro volte, ma il bambino non rispondeva... Era scomparso!
Era diventato un bambolo!

(*Libero rifacimento della favola di Mario Lodi "Il bambolo"*)

E se fossimo d'accordo anche noi?

È bastato uno slogan del sociologo *Francesco Alberoni*: "Basta con i vizi ai figli: se la cavino da soli!", perché tutti gli gridassero "Bravo!".
Subito d'accordo fu *Angela Crivelli*, presidente dell'Associazione Italiana Genitori: "Rimettiamo i bambini a sparecchiare, a essere d'aiuto a casa. Stacchiamoli dalla TV e dalla certezza di trovare sempre tutto pronto".
D'accordo fu *Giovanni Bollea*, psichiatra e profondo conoscitore dei problemi dei ragazzi: "È il momento di guarire dalla 'sindrome dell'abbondanza'. Il permissivismo non è educativo: le piccole rinunce sono importanti, danno spessore al desiderio".
Pure d'accordo fu *Ernesto Caffo*, presidente del 'Telefono azzurro': "Madri e padri cercano di compensare con l'elargizione di beni materiali quello che non riescono a dare in termini di affetto, vicinanza. Ne deriva un'affettività fatta di atteggiamenti morbidamente comprensivi che sono fonte di ulteriori problemi, non di aiuto".
Tutti d'accordo...
E se fossimo d'accordo anche noi?

Non si può far niente senza sacrificio:
non si fa un'omelette, se non si sacrifica l'uovo.

"Un genitore deve saper dire no a un figlio,
se gli vuole bene, altrimenti con i 'fai come ti pare'
si rischia di toglierli i necessari anticorpi psicologici.
Le regole, i no sono come i paracarri
ai lati della strada, sono punti di riferimento.
Non debbono cambiare di posizione,
non possono decidere di esserci o non esserci.
Che patetici quei genitori che fanno gli amici dei figli:
un padre deve essere padre, altrettanto una madre;
è già così difficile fare i genitori,
ci mettiamo anche a fare gli amici
per confondere loro ancor più le idee?".

(Paolo Crepet, psichiatra)

"Un cavallo non domato diventa restio,
un figlio lasciato a se stesso, diventa sventato".

(Siracide, 30, 8)

"Il rischio di far germogliare un parricida comincia
dal rifiuto o dalla concessione di una caramella".

(Guido Ceronetti, giornalista)

"Sì e no sono le parole più brevi,
ma anche quelle che richiedono più riflessione
di tutte le altre, prima di essere pronunciate".

(Talleyrand, diplomatico francese)

Saper dire sì

I sì danno la spinta, fanno crescere.
Devono battere i no per cinque ad uno.

In Giappone gli psicologi propongono questa formula che ritengono magica: R:P = 5 : 1.
'R' è la ricompensa, la lode; 'P' è la punizione, il rimprovero. Dunque, la lode deve stare al rimprovero come cinque sta ad uno. Chi in giornata ha ricevuto una punizione, deve ricevere cinque lodi.
Lo stesso vale per i sì ed i no. I sì devono battere i no per cinque ad uno!
È logico che sia così! I no, infatti, si limitano a sgombrare il terreno, a formare il muro di protezione; i sì, invece, danno la spinta, ti mettono le ali, fanno crescere. Ecco perché è bene riempire di sì la vita del figlio.

E' bene riempire di 'sì' la vita dei figli.

Quali sì?
Vediamone alcuni, non, certo, tutti.

Sì a lui.

Il primo sì va detto a lui: al nostro figlio.
Sì alla sua identità, al suo carattere, al suo sesso. Ogni bambino che nasce dovrebbe sentirsi abbracciato da queste parole-tepore: "Ti aspettavamo! Aspettavamo proprio te, non un altro. Aspettavamo te con quel corpo, quelle tendenze, quel temperamento...".
Il piccolo capta (oh, quanto capta!) queste preziose parole che gli danno la fiducia e la forza di partire col piede giusto per la vita.

Sembra facile accettare il proprio figlio, in realtà non lo è. Alcune inchieste dicono che il 25% dei genitori vorrebbero un figlio diverso: più intelligente, più bello... No, questo non ci pare l'atteggiamento giusto. Aveva tutte le ragioni lo psichiatra austriaco *Bruno Bettelheim* ad avvertirci: "Non puntate ad avere un figlio che piacerebbe a voi. Abbiate rispetto per ciò che il bambino è".

Sì alla tenerezza

Il figlio può sopportare tutto, tranne l'indifferenza, la distanza affettiva ("adesso non ho tempo"), l'atteggiamento di svalorizzazione ("sei un buono a niente"), il disprezzo, la mancanza di stima.

Il piccolo ha bisogno di calore, di tenerezza. Di una duplice tenerezza: fisica e psichica.

Tenerezza fisica

Duplice tenerezza.

Già sappiamo che il bambino ama sentirsi abbracciato, baciato, coccolato.

Tutto ciò gli dà la sensazione di esistere, gli prepara la radice robusta sulla quale impianterà se stesso.

Dunque, sì alle carezze fisiche.

I loro benefici arrivano a tutto il piccolo, anima e corpo. Gli risvegliano l'io profondo, lo incoraggiano; addirittura, gli nutrono la mente.

I competenti dicono che "l'intelligenza comincia con una carezza". È noto che il cervello dell'uomo non nasce pienamente formato: la corteccia cerebrale non sarà compiuta che verso i sette anni. Ebbene, perché tutto il cervello possa svilupparsi, ha bisogno di stimoli, di sollecitazioni di ogni genere,

anche dell'abbraccio, del bacio, della carezza.
Sentiamo quello che dice l'esperto del massaggio indiano per far crescere i bambini felici, *F. Leboyer* che già conosciamo: "Essere portati, cullati, accarezzati, essere tenuti, massaggiati, sono tutti nutrimenti per i bambini piccoli, indispensabili come le vitamine, i sali minerali e le proteine, se non di più. Se viene privato di tutto questo, il bambino, anche se gonfio di latte, si lascia morire".

Tenerezza psichica

Tenerezza psichica è lasciare un biglietto sul tavolo di cucina perché, tornando da scuola, il figlio non trovi la casa troppo vuota; è portargli qualcosa dal mercato; è ricordarsi dell'onomastico, fargli una sorpresa, portarlo al circo, partecipare alla recita di fine anno scolastico...

Tenerezza psichica sono, infine, le parole buone, le parole positive che già conosciamo.

Sì al bel tempo in famiglia

Non è stato lui a chiedere di nascere. Dunque non è giusto che si incontri con facce oscure, mascelle grintose, musi duri.

La gioia è una dei diritti fondamentali del figlio. Gli psicologi dicono che, per star bene, un bambino deve poter ridere anche 500 volte al giorno! Ogni risata allontana la paura, gli permette di comunicare col mondo, gli porta salute fisica e psichica. Insomma, un bel sì al bel tempo in famiglia!

Eppure tante volte siamo noi la causa della tristezza del figlio.

"Quando due elefanti si combattono, chi ci rimette è l'erba del prato".
(Proverbio africano)

Scusate, ma dobbiamo dirlo con chiarezza estrema: la causa che, tra tutte, lo fa soffrire di più è la separazione o il divorzio dei genitori.
Separazioni e divorzi hanno portato tanta e tale infelicità nei bambini che gli adulti difficilmente riescono ad immaginare.
Vi sono piccoli che si svegliano di notte di soprassalto, altri che rifiutano il cibo, altri che non riescono più a studiare...
Perché? Perché il figlio sente la separazione o il divorzio dei genitori come un tradimento, come l'aprirsi di un vuoto che gli toglie la base su cui poggiare. Il grande pediatra *Marcello Bernardi* un giorno ha confidato: "La metà dei miei piccoli pazienti ha genitori separati o che stanno per separarsi". Tristissima confessione che conferma una verità che dovrebbe far riflettere: un padre ed una madre per il mondo possono non essere niente, ma per il loro figlio sono il mondo! Lo stesso Marcello Bernardi diceva: "Nessuno è obbligato a diventare genitore; ma quando lo diventa, deve darsi una bella regolata!".

Sì ai loro giusti desideri

A sentire i figli non abbiamo che da guadagnarci.

La pedagogista *Patricia Holland* ci dà un ottimo consiglio: "Sarebbe bene che i figli venissero ascoltati tanto quanto sono guardati".
Ad ascoltare i figli non abbiamo che da guadagnarci. I figli, soprattutto se bambini, non conoscono l'autocensura; parlano franco e tondo. Non dicono quello che vogliamo, dicono quello che siamo!
Perché, dunque, non dar loro la parola?

Ascoltiamo i messaggi che seguono. Sono tutti desideri sinceri e veri che attendono il nostro pieno "Sì!".

Sì al mio sesso

"Io mi arrabbio quando tu mamma mi dici che se io nascevo femmina, tu mi chiamavi Michela, poi incominci a chiamarmi Michela. Poi arriva ancora Luca e comincia a dirmi con tono canzonatorio che io sono una pulcina". (*Paolo,* otto anni)

Sì alla mia età

"Sono stanca dei momenti in cui siete innervositi e dite di non fare la bambina. Ma io sono una bambina!". (*Annalisa,* sette anni)

"I genitori poiché ci hanno visti nascere, tendono sempre a considerarci bambini e a tenerci in disparte, non credendo che possano interessarci i loro discorsi". (*Paola,* tredici anni)

Sì a giocare insieme

"Papà, sono contenta quando mi afferri per il pigiama e mi fai volare come un vero aeroplano. Sono anche contenta quando mi racconti come eri biricchino da piccolo". (*Luca,* sei anni)

Sì al papà

"Quando a sera torna a casa papà, mi sembra di essere in vacanza". (*Laura, sei anni)*

Sì alla gentilezza

"Papà e mamma mi piacciono quando sono gentili; il guaio è che gridano sempre". (*Anna,* otto anni)

Sì all'accordo di papà e mamma

"Bravo papà! Hai fatto bene a sposare la mamma!". (*Luigi,* sette anni)

"Quando vi vedo innamorati, mi innamoro del mondo, della vita, di tutto". (*Carla,* dodici anni)

Sì al rispetto

"Ieri ero in camera mia che giocavo al computer. Arriva mia mamma e mi dice di andare di là a fare da mangiare. Io, tutto contento, sono corso in cucina, e così mi ha detto di impanare le bistecche e di metterle a friggerle in padella. Ho messo una bistecca nell'olio bollente ma, siccome l'avevo lasciata cadere un po' in fretta, l'olio è schizzato un po' in giro ed ecco che mia madre si mette a gridare: 'Vai via! Sai solo fare pasticci!'. Le ho detto: 'Tutti possono sbagliare', e sono tornato in cameretta molto triste". (*Stefano,* nove anni)

Sì al buon esempio

"Papà, vorrei che quando mangi, non sputi nel piatto". (*Stefania,* otto anni)

Sì alla sincerità

"Mia mamma dice sempre le bugie. Esempio: la sera quando vado a letto mi dice: 'Mi lavo i denti e poi ti faccio compagnia', e poi non viene. Capisco che è stanca, ma io preferirei che mi dicesse che non ne ha voglia". (*Irene,* dieci anni)

Sì alla coerenza

"Perché i miei genitori continuano a ripetere sempre le stesse cose? Se io però dico due volte di fila di comprarmi il giornalino, il papà mi dice: 'Ma quante volte me lo ripeti? L'ho già sentito!'". (*Carla,* dieci anni)

"La mamma mi dice sempre che non devo interrompere quando gli altri parlano. Però quando io vedo in Tv la 'Domenica sportiva' e discuto con papà di sport, lei ci interrompe in continuazione. E a me viene il nervoso". (*Leonardo,* nove anni)

Sì ad essere ascoltati e guardati

"Quando ti recito la lezione, mamma, i tuoi occhi sono sfavillanti, le tue guance si arrossano e si vedono tutti i tuoi denti bianchi. Che bello!". (*Gianlorenzo,* otto anni)

● Il più grande aiuto che i genitori possono dare al figlio è liberarlo dal bisogno del loro aiuto.

● Una ragazzina di dodici anni ha scritto una poesia dal titolo che dice tutto: "Il nome di mia mamma è 'affanno'". In essa fa passare i mesi dell'anno ed in ognuno trova un motivo di affanno per la mamma: a Gennaio c'è il freddo, a Febbraio l'influenza, a Marzo il vento, ad Aprile il primo sole, a Maggio le allergie... Suvvia! Lasciamo respirare il figlio! Certo la cautela ci vuole, ma l'asfissia maniacale proprio no.
Se mi affanno, contagio al figlio la paura, lo blocco, gli rubo lo slancio.
Ogni paura è una piccola morte: chi ne ha tante, muore (e fa morire) ogni giorno; chi non ne ha, muore una volta sola!

● L'educatore è come lo zucchero e il sale.
Nessuno dice, mangiando un budino: "Quanto è buono questo zucchero!". Eppure è lo zucchero che rende gustoso il budino.
Così viene elogiata la minestra e non il sale che la insaporisce.
Educare è scomparire!
Come le impalcature che, ad un certo momento, se ne vanno. Ma proprio allora compare il bel palazzo. Grazie alle impalcature. Grazie a voi!

Teleaccendere • Telespegnare

E' lecito lasciare al potere della televisione l'anima dei nostri figli?

Una volta tanto chiediamo al lettore un supplemento di pazienza.
Prima di passare al concreto, com'è nostro solito, dobbiamo, infatti, fare una premessa fondamentale.
Detta in due parole, eccola: dalle ore 11 del 3 Gennaio 1954, da quando, cioè, sono iniziate, da noi, le trasmissioni televisive regolari, è nato in Italia un nuovo tipo di uomo: il 'teleuomo'. L'ultima specie di uomo sorta sulla terra.

Il teleuomo

Occhio al teleuomo!

Spiegando l'evoluzione, gli scienziati dicono che l'uomo è passato attraverso varie fasi.
Abbiamo avuto "l'*homo erectus*", l'uomo che, a differenza delle scimmie, cammina su due gambe.
Poi vi è stato "*l'homo abilis*", l'uomo capace di maneggiare strumenti. Abbiamo avuto, ancora, "*l'homo sapiens*", l'uomo che sa, che ragiona. Ebbene, dal Gennaio 1954 è nato "*l'homo video*": il teleuomo.
No, non scherziamo!
La televisione ci sta cambiando 'dentro', ci sta trasformando nel profondo.
Per tagliar corto, ci limitiamo a soli cinque dati che provano la nascita del 'teleuomo'.

- Primo dato: non è forse vero che, oggi, i ragazzi

hanno un'attenzione che è lunga quanto un francobollo?

È logico che sia così! Abituati allo zapping, agli spot incalzanti, sono ormai incapaci di concentrazione prolungata. Chiedete agli insegnanti quanta difficoltà incontrano per ottenere un minimo di applicazione mentale dagli alunni. Oggi è più facile catturare una balena nel Po che catturare l'attenzione dei ragazzi!

• Secondo dato: non è forse vero che i nostri ragazzi sono sempre più 'visivi' e sempre meno 'uditivi'? Vedono, ma non sentono.

Ragazzi stregati dalla televisione.

Anche qui è logico che sia così! Si calcola che prima di andare alla Scuola Primaria un bambino italiano veda da due a tre mila ore di immagini. Ecco perché oggi il parlare astratto non graffia più i loro cervelli. Oggi per farci capire, occorre far vedere.

• Terzo dato: non è forse vero che i nostri ragazzi sono sempre più scarsi di fantasia?

Pure qui, la ragione c'è. Chi vede, ad esempio, un temporale sullo schermo televisivo, si ferma a quell'immagine: il temporale è così! Chi, invece, legge: "Era una notte buia e tempestosa", deve costruire nel suo cervello la scena. In tal modo, cento persone che leggono questa frase, si immaginano il temporale in maniera diversa!

È chiaro, dunque, perché la televisione salassa la fantasia! Lo notava già lo scrittore *Leo Pestelli*: "La televisione è stata il cimitero della fantasia e l'orfanotrofio di tutti i nostri sogni".

• Quarto dato: non è forse vero che, oggi, i ragazzi sono tutti uniformi, piallati, indottrinati.

La televisione è la fabbrica del consenso! La psicologa *Tilde Giani Gallino* osserva, giustamente: "C'è il rischio di allevare una generazione di rimbambiti. I bambini si adattano ai modelli prefissati senza reagire, senza criticare, in modo passivo".

Ed ecco i ragazzi che si vestono tutti allo stesso modo, ridono nello stesso modo, mangiano le stesse cose... È la dittatura soffice della televisione!

• Quinto dato: non è forse vero che i nostri ragazzi hanno come punti di riferimento privilegiati i valori della bellezza, del denaro, dei muscoli, del sesso? I valori proposti, quasi sempre, dalla televisione!

Ecco cinque dati (potrebbero facilmente aumentare) che dimostrano come la televisione stia plasmando un nuovo uomo: il 'teleuomo', appunto.

La televisione, infatti, ha un potere enorme. Ci allontaneremmo troppo dal filo conduttore del discorso a spiegarne il perché. Qui ci basta dire che la televisione, soprattutto sui piccoli, ha un fascino ipnotizzante. Incanta, avvince, conquista. Il 46% dei genitori dicono: "i bambini credono più alla televisione che a noi". Insomma, i nostri figli sono scavati dalla televisione, intrisi di televisione.

"Ormai i figli non sono più nostri...".

Ciò comporta all'educatore un serio compito: gestirla con grande intelligenza. Lo scrittore *Achille Campanile* amava dire: "È stata scoperta ed inventata la televisione, ma non è ancora stato scoperto il modo di usarla", ed aggiungeva: "Io credo che il primo problema che noi abbiamo con la televisione sia proprio questo: usarla e non farsi usare da lei!".

Ebbene, la prima mossa da fare per non farsi usare

dalla televisione, è quella di sapere accenderla, ma anche spegnerla.
Ciò che stiamo per vedere.

Teleaccendere.

Iniziamo col teleaccendere. Perché, se è vero che la televisione ha una faccia tenebrosa, ha pure una faccia luminosa.
La televisione non è un flagello, non è un prodotto del diavolo. Ha pure i suoi meriti. Sarebbe ingiusto non riconoscerli.

Non è un prodotto del diavolo!

- La televisione ha tolto le pareti al mondo: ha ridotto le distanze tra i popoli. Grazie ad essa, il nostro pianeta è diventato, si può dire, un villaggio del quale possiamo venire a conoscere tutto ciò che vi accade.
In tal modo la televisione è scuola di mondialità: ci mette a contatto con altre culture, aiuta a prendere coscienza dei problemi in cui siamo immersi; accresce la nostra capacità di comunicare con tutto e con tutti: rende l'uomo meno sconosciuto all'uomo.
- La televisione fa opera di promozione culturale. Il bambino televisivo, a differenza del bambino del pennino, può apprendere, in un mese, più cose di quante non ne potesse apprendere uno studente all'inizio del 1900 in tutta la sua carriera scolastica.
- La televisione stimola i cervelli, risveglia interessi e curiosità, suscita idee. Avere un televisore significa disporre a domicilio di un insegnante capace di portare un fiume di stimoli fecondi. È grazie alla televisione, ad esempio, che nel 1969 abbiamo partecipato, stupefatti, allo sbarco sulla luna; è grazie ad

essa che Piero Angela ci avvicina all'affascinante, infinito mondo delle meraviglie dell'universo; è grazie ad essa che possiamo assistere a spettacoli teatrali, alle Olimpiadi...

- La televisione è evasione, svago: dà un po'di colore alla vita troppe volte monotona e grigia. Aiuta a riempire il tempo libero...

Insomma, la televisione non è il demonio, non è un flagello: anche lei ha le sue virtù! Non ha senso puntare il dito contro di essa.

Non saremo mai noi a dire che "il miglior televisore è quello spento" (*Vittorio Messori*); "Io la televisione, per principio, non la guardo. Che schifo!".

Non è, certo, questo il modo di risolvere i tanti problemi che essa pone.

Difatti, se si può assolvere per le ragioni portate, si può condannare per molte altre.

In una parola: si può (e si deve) teleaccendere; si può (e si deve) telespegnere.

Telespegnere

La faccia tenebrosa della televisione.

Telespegnere perché la lista dei pericoli della televisione è ben più lunga di quella dei meriti.

Tralasciamo il fatto che può essere causa di obesità in quanto demotiva dallo sport e induce ad una vita sedentaria. La televisione ha altre influenze più negative ancora.

- Intasa i cervelli, li grippa con le sue informazioni torrenziali. La televisione sforna notizie su notizie, senza lasciare il tempo per assimilarle. Offre più cucinato di quanto possa essere mangiato.

• La televisione, poi, come già abbiamo detto, frantuma l'attenzione. Un bambino italiano vede 1800 spot al mese. Ciò significa che i ragazzi si abituano a pensare a strappi, a brandelli, a scatti (gli spot durano, al massimo, 30 secondi).

• La televisione fabbrica solitudini. Uccide il dialogo e, quindi, può essere causa di disturbi relazionali. In particolare, provoca disaffezione alla famiglia. Non è forse vero che, mentre avvicina i lontani, allontana i vicini?

Talora telespegnere è un guadagno.

• Ancora. La televisione, sovente, è ansiogena: genera paure, ansia. Le notizie che ci sforna sono, di gran lunga, più preoccupanti che tranquillizzanti.

• La televisione può formare ragazzi privi di iniziativa mentale; offre cose interessanti, ma il cervello di chi le vede, non partecipa alla loro elaborazione.

L'immaginazione davanti al video non serve: e così la fantasia viene asfissiata, salassata, come dicevamo.

Non basta. I danni della televisione possono essere ancora più profondi, più intimi.

• La televisione legittima tutto, normalizza tutto, anche gli istinti di fogna. È come l'alka-seltzer: ci fa digerire ogni cosa, anche il marcio.

• La televisione può formare uomini facciata che si illudono che un asino che compare sul video diventi un cavallo. In altre parole, la televisione propaganda la malattia della 'visibilite'. Vi sono persone che, pur di apparire in televisione, sarebbero disposti ad uccidere i genitori!

• La televisione può trasmettere l'idea che la vita normale, la vita quotidiana, quella che nessuna telecamera riprende, sia banale, insignificante.

• La televisione inaridisce i cuori e prosciuga i sentimenti. Pur di impressionare, infatti, la televisione gioca su emozioni forti, sempre più forti. E così finiamo con l'abituarci a tutto, anche alle notizie più disumane, anche alle tragedie più terrificanti. Siamo a tavola: "Toh!, ne hanno ammazzati altri due... passami il sale...".

Niente sarebbe più facile che continuare a descrivere la faccia tenebrosa della televisione. Ciò che abbiamo detto, comunque, è più che sufficiente per concludere che la televisione va maneggiata con cura: talora telespegnere può essere un affare!

Insomma, che fare?

È tempo di venire al concreto.

Che fare, dunque?

Intanto, per prima cosa, non buttiamo la televisione dalla finestra! La televisione c'è e deve restare!

Se non ci fosse, bisognerebbe inventarla, tante sono le sue possibili prestazioni umanizzanti.

Ciò detto, impariamo a gestirla.

Soprattutto quando si tratta di proteggere i nostri figli.

Ebbene, a proposito, ci pare che siano utilissimi questi consigli.

Mai prima della scuola.

Imparare a gestire la televisione.

C'è chi inizia la giornata accendendo, immediatamente, la televisione. C'è, addirittura, chi si serve della televisione per svegliare i bambini!

No, così non va. È inaccettabile iniziare un nuovo giorno senza neppure un attimo di silenzio, di tranquillità. Subito avere gli occhi forati da immagini, le orecchie ripiene di rumore, disturba, stanca, affatica. È come essere presi a schiaffi. Molti insegnanti dicono che vi sono bambini che arrivano a scuola già 'cotti'! Un po' di raccoglimento, una chiacchieratina, sono come tazzine spirituali che creano l'atmosfera giusta per attaccare la giornata.

E poi, chi ha detto che le vecchie preghiere del mattino han perso il loro bel valore pedagogico, oltre che religioso? Lo scrittore *Gaspare Barbiellini Amidei* dice che "oggi i genitori non parlano esplicitamente di Dio ai figli perché hanno paura di passare per matti". In realtà, più che 'matti' sono incoscienti: non sanno quanto perdono a rompere tutti i contatti con Dio. Se non uscissimo dall'argomento, lo proveremmo in lungo e in largo.

Mai troppa.

La dottoressa inglese *Sally Ward* che ha studiato per anni l'influenza della televisione sui piccoli, avverte che nessun bambino sotto l'età di un anno deve essere esposto, neppure per un minuto, alla televisione.

Poi è sempre indispensabile controllare il consumo televisivo del figlio. "Chi beve troppo la sera, si alza col mal di testa e non riesce a connettere; chi mangia troppa cioccolata, ingrassa; chi ingurgita troppa televisione, ingolfa la mente e grippa il cervello": l'osservazione è del regista tedesco *Daniel Helfer*, autore di un film sul potere della televisione.

Quanto tempo, allora? Lasciamo la parola all'esperta *Anna Oliverio Ferraris*: "Tra i quattro e i sette anni è consigliabile che un bambino non superi un'ora di televisione al giorno, preferibilmente mezz'ora per volta. Meglio se il tempo giornaliero è più breve. In età scolare è bene non superare le due ore".

Mai la televisione personale in camera.

Tra tutti, questo è il 'mai' del quale siamo più convinti. È vero che comprandogli la televisione personale, il figlio potrà non 'rompere' più, però potrà 'rompersi la vita.

Due semplici riflessioni per spiegare come è inconcepibile che si permetta la televisione in camera del figlio. Se questi trascorresse il pomeriggio per strada, girovagando con ragazzi sconosciuti, non ci preoccuperemmo di sapere cosa fa, chi frequenta? Dargli la televisione personale è non preoccuparsi di ciò che vede, di ciò che impara; il che può essere ben peggio della compagnia di certi compagni! Ha ragione il proverbio: "Solo chi è matto, dà in custodia il lardo al gatto".

La seconda riflessione ce la offre, ancora una volta, *Anna Oliverio Ferraris*: "Il genitore che concede ai propri figli piccoli di avere il televisore in camera da letto, dovrebbe domandarsi se nella stessa stanza lascerebbe, con uguale disinvoltura, un frigorifero, permettendo loro di mangiare qualsiasi cosa a qualsiasi ora". Se non permette il frigorifero personale, molto meno dovrebbe permettere la televisione personale!

Mai da solo.

David, un ragazzino di dodici anni, una sera vede un servizio televisivo sulla pena di morte per fucilazione e per impiccagione. Resta impressionato ed incuriosito. Va dal papà e gli domanda: "Che cosa provano gli

impiccati?". Poi, per verificare, scende in lavanderia, si fa un cappio con la corda di nylon che serve per stendere i panni, e si impicca ai tubi del riscaldamento. Il fatto è realmente successo in una provincia italiana.
Qualcosa di simile è capitato ad un altro bambino. Stava guardando i cartoni animati di Bugs Bunny, quando, visto un personaggio che cadeva nel vuoto, si è tuffato dalla finestra. Ha fatto un volo di quattro metri. Grazie a Dio, questa volta è andata bene: è piombato al suolo senza farsi neppure un graffio.
Due episodi eloquenti! I piccoli non possono essere lasciati soli davanti al televisore. La presenza dell'adulto è indispensabile per chiarire, per attutire momenti di tensione emotiva che immagini e parole possono provocare.
Il bambino accetta tutto, a condizione che sia filtrato, che sia 'mammizzato'. A proposito si racconta un caso classico: una mamma camminava con la figlioletta per le strade di Londra durante la seconda guerra mondiale. Improvvisamente, a poche centinaia di metri, cadde una bomba. "Hai visto che bella fiamma?", esclamò, con prontezza, la mamma, e la bambina non si mostrò per nulla spaventata.

Rendiamo interessante la vita.

L'uomo non nasce televisivo.
Perché in estate i ragazzi non sentono la mancanza della televisione, mentre in inverno ne vengono risucchiati?
È la prova che la televisione non è un bisogno naturale: se lo fosse, ne sentiremmo sempre la necessità, come si sente sempre, ad esempio, il bisogno di mangiare.

La televisione è un bisogno indotto. Ecco perché ai bambini non piace, in assoluto, il piccolo schermo. Non è vero ciò che sovente si sente dire: "I miei figli vanno matti per questa benedetta televisione!".
Vanno matti perché non offriamo altro. Alla domanda: "Che cosa preferisci di più: guardare la televisione oppure...?", sentite quello che hanno risposto i bambini: l'89% preferisce giocare all'aperto, solo l'11% preferisce la televisione; il 77, 5% preferisce semplicemente giocare, il 12, 5% guardare la televisione; addirittura il 55% preferisce andare a scuola, di fronte al 45% che preferisce guardare la televisione. Solo se si tratta di scegliere tra vedere la televisione o andare al supermercato, la televisone vince: 69, 4% contro il 30, 6%. Evidentemente le compere annoiano il bambino, forse perché la mamma è troppo lenta, forse perché si ferma a parlare a lungo con l'amica di cose che al piccolo interessano proprio niente.
Spegniamo la televisione e riprendiamoci i figli.
Ogni tanto, di sera, spegniamo la televisione e accendiamo la famiglia!
Raccontiamoci come abbiamo passata la giornata, chi abbiamo visto, cosa abbiamo fatto; diciamo ai figli come ci siamo incontrati e innamorati (piace molto!), cosa facevamo da piccoli; giochiamo a carte; usciamo tutti insieme; facciamo una battaglia a cuscini...
E il televisore riposa. No! Il televisore guarda e ride. Guarda e dice: "Toh, in Italia vi sono ancora famiglie intelligenti!".

Il mio decalogo televisivo

1 Mi siedo davanti al televisore e mi dico:
"Non sono una spugna che assorbe tutto.
Ho ben la mia dignità. Non sono un cassonetto
della spazzatura dove si può gettare ogni cosa.

2 Mescolare i vini è pericoloso.
Non pilucco di qua e di là saltando
di canale in canale.

3 Non di sola televisione vive l'uomo:
c'è anche la bella chiacchierata con i famigliari,
con gli amici; c'è anche il gioco, lo sport.

4 Meglio un solo fiore vivo di prato profumato
che un giardino intero morto visto sul video
a colori. La realtà è infinitamente più grande
della televisione.

5 Il televisore ha un pulsante per accenderlo
e l'altro per spegnerlo. Li conosco tutti e due.

6 *Sono uno spettatore difficile:*
non accetto nulla a scatola chiusa.
Ho sprofondato il corpo in poltrona,
ma la testa la voglio sveglia.
Non sono una lavagna sulla quale il video
scrive tutto quello che vuole,
ma uno spettatore critico.

7 *Sono uno spettatore organizzato:*
mi faccio il programma televisivo;
voglio schiacciare il pulsante a ragion veduta.

8 *Sono uno spettatore libero:*
vedere sì, ma incollarmi al video, proprio no!

9 *Sono uno spettatore educato:*
come arriva gente in casa,
spengo immediatamente la televisione.

10 *Sono uno spettatore deciso:*
ho già telefonato e scritto alla R.A.I.
per dare consigli, criticare, incoraggiare.

Il pensiero televisivo

Avete presente i cani da pastore?
Appena vien dato il largo alle pecore, si mettono a rincorrere una pecora, poi un'altra, poi una terza... senza concludere nulla.
Così certe trasmissioni televisive passano da un pensiero all'altro, senza approfondire nulla, senza chiarire nulla.
Guai se ci si attarda in un ragionamento serio: il conduttore ti toglie subito la parola per timore che il pubblico si annoi o sia incapace di andare oltre la battuta incisiva, vigorosa, emotiva.
Prima ancora d'essere un insulto alla morale, molte trasmissioni televisive sono un insulto alla logica, alla chiarezza: un insulto al cervello.

"Forse non ci rendiamo abbastanza conto degli effetti catastrofici che il mancato controllo della televisione provoca sui bambini".

(Mario Lodi, maestro)

"La televisione non è uno strumento qualsiasi. Ha il potere di 'cretinizzare' tutti".

(Guido Ceronetti, scrittore)

Problema molto serio

Il problema è serio, molto serio.
Ormai i figli non sono più nostri: sono della televisione. È lei la cattedra principale, il pulpito dal quale prendono indicazioni.
La famiglia è retrocessa alla funzione del solo sostentamento materiale e di residenza.
È tempo di chiederci: è lecito che sia quella scatola magica a decidere dei pensieri dei nostri figli, dei loro orientamenti? È lecito lasciare in suo potere l'anima dei nostri ragazzi?
Purtroppo molti genitori ed educatori si arrendono: si riconoscono impotenti, impari, di fronte al piccolo schermo.
Invece, no! Possiamo benissimo tagliare le unghie anche alla televisione.
In che modo?
È ciò che vediamo in queste pagine.

È vero che l'occhio vuole la sua parte,
ma anche il cervello ha diritto alla sua.

Per favore, non invitate mai la televisione a cena!

La televisione uccide il dialogo

La televisione uccide il dialogo, quindi può causare disturbi relazionali.
"In molte famiglie, nota *Bruno Ferrero,* esperto in problemi giovanili, il pasto della cena (il momento in cui tutti sono riuniti insieme) si svolge a base di 'psst psst' perché il papà vuole vedere in pace il telegiornale. E 'psst psst' diventa l'unico argomento di conversazione". Tutt'al più qualche urlo: "Zitto, non mi fai capire un tubo", oppure: "Cambia canale", o: "Quello è il mio posto".
La cosa è grave. Perché senza parole, come senza amore, non si può esistere, per definizione. Il bisogno di parole è impresso geneticamente in noi.
Senza parole si resta eterni 'infanti'. La parola 'infante' significa, infatti, 'colui che non parla'.
Un'indagine condotta ultimamente in Inghilterra ha rivelato che vi è una diretta correlazione tra le ore passate davanti allo schermo e lo sviluppo della parola. In concreto è risultato che quasi tutti i bambini teledipendenti parlano a tre anni come uno di due. Il che non è da poco, se è vero quello che sostiene la dottoressa *Sally Ward,* considerata la massima autorità inglese in materia: "Chi è in ritardo con la lingua materna a tre anni, sarà poi in ritardo per tutta la vita".

Tagliare il cordone ombelicare

Educare e' rinunciare al possesso.
Educare e' desatellizzare.

I figli sono come le navi: le navi non son fatte per restare in porto, ma per prendere il largo.
Almeno una volta era così.
Oggi non lo è più: oggi i figli preferiscono stare nel porto.
"Viva la mamma", cantava *Edoardo Bennato*: quasi un inno per i sette milioni di giovani italiani tra i venticinque-quarant'anni che non abbandonano la casa.
D'altronde, perché andarsene? È troppo comodo vivere sulle spalle dei genitori, lavati, stirati, rifocillati, coccolati!
E così i 'figli prolungati', cioè i figli di mamma a vita, aumentano sempre più.
Il fenomeno è tipicamente italiano. In Inghilterra, come negli Stati Uniti, i figli salutano e se ne vanno ben prima di sposarsi, spesso quando iniziano a frequentare l'università, già tra i sedici e i diciotto anni. In Francia l'82% dei ragazzi tra i venti e i trent'anni vive per conto proprio; in Germania la percentuale scende di poco, attestandosi al 74%. In Svezia a sedici anni i figli vengono mandati fuori casa, forse anche troppo violentemente. In Italia no.
Le conseguenze?
Gravissime! Standosene tranquilli in casa, i ragazzi rimandano sempre più il momento di crescere.

I figli non sarebbero 'mammoni' se i genitori non fossero 'figlioni'.

Lo direste? Un'inchiesta condotta alcuni anni fa ha scoperto che il 46% dei ragazzi italiani non ha voglia di diventare adulto!

Sono ragazzi culturalmente più preparati di quelli di qualche generazione fa, ma con un forte ritardo per quanto riguarda la maturazione umana.

Ragazzi col complesso del 'paguro eremita': il mollusco che si infila in una conchiglia vuota e se ne vive pacifico in essa.

Ragazzi incapaci di farsi carico di sé. Ragazzi insicuri; ragazzi bonsai: il troppo benessere casalingo impedisce loro di 'essere'.

Il poco detto è sufficiente per arrivare alla conclusione: genitori, per favore, tagliate il cordone ombelicale! I ragazzi non sarebbero 'mammoni', se i genitori non fossero 'figlioni'. Non è forse vero che talora siamo proprio noi a non volere che il figlio se ne vada di casa?

Troppo benessere casalingo impedisce ai figli di 'essere'.

D'ora in poi quando alla sera torna a casa il cucciolone di trenta-trentacinque anni, non sforniamogli più i sofficini; lasciamo che, come più volte abbiamo detto, impari a camminare sulle sue gambe, a volare con le sue ali.

Educare è rinunciare al possesso! Educare è desatellizzare!

Ha detto bene lo scrittore inglese *Gilbert Chesterton*: "La persona più indimenticabile è quella che sa condurre lo spirito degli altri fuori dal suo nascondiglio".

Otto ricette per tagliare il cordone ombelicale al figlio

1 *Mettiamoci bene in mente, fin da quando il figlio è piccolo, che un giorno o l'altro dovremo perderlo.*

2 *Convinciamoci che i genitori sono come le impalcature di un palazzo: ad un certo momento le impalcature si devono togliere, e così appare il palazzo.*

3 *Smettiamo, al più presto, di insaponarlo.*

4 *Non facciamolo crescere col sedere nel burro.*

5 *Diciamogli che la casa non è un albergo ove si mangia, si beve e si esce senza pagare il conto.*

6 *Tutte le volte che può, lasciamo che se la sbrighi da solo, già nella prima infanzia.*

7 *Diamogli delle responsabilità e facciamogli credere che contiamo su di lui. Aveva ragione il filosofo inglese John Locke a dire che "quanto più presto tratterete il fanciullo da uomo, tanto più presto comincerà a diventarlo".*

8 *Teniamo presente che la vera cartina di tornasole della nostra riuscita in quanto genitori-educatori è questa: abbiamo fatto bene il nostro lavoro, dal momento in cui il figlio non ha più bisogno di noi.*

Bambini al guinzaglio

A tutti è noto il guinzaglio del cane che si allunga - non più di tanto! - allargando il breve spazio di libertà concessa all'animale.
Alcuni criminali recidivi sono, oggi, muniti di un bracciale per controllarne gli spostamenti.
Ebbene, siamo arrivati a trattare i bambini come i cani ed i criminali.
Vi sono piccoli che indossano un braccialetto. Non è un cinturino o un orologio, ma un sensore.
Quando il pargolo si allontana dal campo visivo, il ricevitore di cui è munita la mamma, si mette a suonare. Allarme rosso! La madre scatta e intercetta il piccolo che voleva godersi uno spicchio di mondo.
No, non è fantascienza! Un celebre marchio di apparecchi elettronici di casa, ha pubblicizzato il bracciale elettronico!
Bambini come criminali! Bambini pilotati, diretti, dipendenti al 100%.
Non stiamo davvero esagerando?
Roberto Volpi, esperto sull'attuale condizione infantile in Italia, è molto deciso: "Bisogna rompere questo accerchiamento protettivo che impedisce ai bambini di crescere. C'è in Italia un piagnisteo sui pericoli dei bambini che rasenta l'idiozia".

Ci vien da battere le mani, tanto concordiamo.
I bambini non possono vivere sempre nel passeggino. Hanno bisogno di aria aperta, di libertà. Sono come i passerotti: in gabbia muoiono.
Per il rispetto dei figli, prima ancora che per amore, smettiamo di trattarli come le statuine del presepio che possono godersi un po' di luce solo per quindici giorni all'anno. Per favore, liberiamoli dal guinzaglio e dal braccialetto!
Forse sarà bene *occuparci* un po' più di loro e *preoccuparci* di meno.
O sbagliamo?

Il compagno di viaggio

Una volta una madre disse al figlio più grande: "Ormai puoi partire per il difficile viaggio. Ora ti affido ad una guida sicura". "Chi è?", domandò il ragazzo. La mamma bisbigliò il nome all'orecchio. E il figlio partì.
Subito incontrò un fantasma che gli domandò: "Mi vuoi come guida?".
Il ragazzo gli chiese: "Come ti chiami?".
"Sono la gloria".
"Non è questo il nome che mia madre mi ha detto".

Più avanti, un'altra apparizione, con voce dolce gli domandò: "Mi vuoi come guida?".
"Come ti chiami?".
"Sono il piacere".
"Non è questo il compagno che mia madre mi ha suggerito".
Proseguì il suo lungo e difficile cammino.
Con il tintinnio di monete e di musiche gioiose, udì ancora una voce: "Mi vuoi come compagno di viaggio?".
"Come ti chiami?".
"Io sono la ricchezza che appaga ogni desiderio".
Il ragazzo lasciò anche questa e si allontanò.
Era sera quando una voce robusta gli disse: "Posso venire con te?".
"Qual è il tuo nome?".
"Io sono il coraggio".
Il ragazzo l'abbracciò e disse: "Vieni, ecco il nome che mi disse mia madre".
In compagnia del coraggio, il ragazzo crebbe: divenne un uomo grande e non solo grosso.

La condizione base per tagliare il cordone ombelicale, è gettare dalla finestra la paura e prendere a braccetto il coraggio.

Guardare i figli

"Amare qualcuno significa essere l'unico a vedere un miracolo che per tutti gli altri e' invisibile".

(François Mauriac)

Ormai è diventata classica questa preghiera di un bambino: "Signore, fammi diventare un televisore, così mamma e papà mi guarderanno un po' di più!".
Il bambino vuole i nostri occhi!
"Guarda, mamma, che bel disegno ho fatto!".
"Guarda, papà, come vado bene in bicicletta!".
"Guarda, nonna, la maglietta nuova"...
"Guarda!".
Tutti i figli amano essere guardati. Persino gli adolescenti che sembrano così sicuri e indipendenti.
Che cosa sono i tatuaggi, il piercing, le tante cure del look, talora molto strane, se non un'invocazione: "Guardateci!".
Ebbene, guardiamo i figli! Il contatto visivo è una straordinaria via educativa.
Ne volete le prove? Eccole in breve.

- ***Lo sguardo soddisfa i bisogni emotivi del figlio.***

Il contatto visivo è una straordinaria via educativa.

Con lo sguardo si comunica amore. Lo sanno bene gli innamorati che talora sembrano mangiarsi con gli occhi. Guardare uno è come dirgli: "Tu esisti per me! Tu sei entrato nei miei pensieri, nei miei affetti".
Nei campi di concentramento tedeschi, era severamente proibito ai prigionieri di guardare negli occhi i loro carcerieri. Perché? Perché questi avrebbero potuto intenerirsi.

• ***Lo sguardo dà valore ai figli.***

Essere guardato significa essere considerato. Non essere guardato significa essere abbandonato, essere di nessuno.

È lo sguardo che, molto più che non i regali e i denari, dà al figlio la certezza d'essere qualcuno.

Certo è che se guardassimo i figli, almeno quanto guardiamo il bagno o l'automobile, avremmo indubbiamente ragazzi meno tristi, meno infelici, meno delusi della vita.

• ***Lo sguardo comunica tutto, o quasi, di noi.***

Lo sguardo comunica interesse, attenzione, tristezza, rimprovero, approvazione...: mille messaggi che il piccolo capta al volo.

È incredibile, ad esempio, il potere che ha sul bambino lo sguardo caldo e buono di un insegnante: tale sguardo contribuisce a far aumentare l'impegno e a far capire meglio e prima ciò che l'insegnante dice. È provato che i bambini memorizzano più facilmente le fiabe, se vengono raccontate guardandoli negli occhi.

L'arte di guardare i figli.

Dunque, guardiamo i figli.

La cosa non è del tutto semplice. Vi sono, infatti, modi buoni di guardare e modi sbagliati.

Iniziamo da questi.

Sguardi sbagliati.

• Un tipo di sguardo sbagliato è *lo sguardo poliziesco* che controlla in continuazione il figlio, non lo lascia libero un momento, lo tacchina tutto il giorno.

Lo sguardo poliziesco potrà, forse, fare un figlio disciplinato, ma non un figlio educato, come i carabinieri che mantengono l'ordine, ma non formano gli uomini.

• Un secondo tipo di sguardo sbagliato è *lo sguardo minaccioso.*

Vi sono genitori che sfruttano lo sguardo per dare ordini, rimproverare, criticare. "Guardami negli occhi!", urlano, fissando il figlio con il loro sguardo fulminante.

È vero che il figlio va rimproverato, ma, forse, lo sguardo truce non è la via migliore. Papà e mamma dovrebbero essere ricordati dal figlio con altri occhi, non con quelli severi e fulminanti. Non vi pare?

Una confidenza: chi scrive ricorda i profondi occhi dolci di sua madre che gli intenerivano il cuore.

• Terzo tipo di sguardo sbagliato è *lo sguardo indifferente.*

Tra tutti è il peggiore. L'indifferenza è sempre insopportabile al figlio: gli gela l'anima; gli fa perdere la voglia d'essere al mondo. Non è forse vero che, a ben pensarci, ha senso essere al mondo solo se si è per qualcuno?

Sguardi buoni.

Sguardo buono è *lo sguardo generoso* che - si noti! - vede nel figlio ciò che nessuno vede.

Lo scrittore francese *François Mauriac* un giorno ha detto: "Amare qualcuno significa essere l'unico a vedere un miracolo che per tutti gli altri è invisibile".

In ogni bambino c'è un miracolo nascosto. Se incominciassimo a vedere ciò che il nostro figlio ha, non avremmo più tempo a pensare a quello che non ha. Sentite con quale calore *Wyatt Cooper* parla del bambino: "Ci sono magia e mistero in quel fragile fagottino di carne. C'è del genio nella sua testolina. Egli può crescere e imparare. Nel suo viso c'è tutta la bellezza del mondo; egli dorme con l'innocenza della neve; s'infuria con l'autorità di Giove; e l'ardito piccolo fiore del suo pugno stringerà l'aratro, governerà una nave, guarirà i malati, trascinerà le moltitudini e, chissà, forse, indicherà la strada verso un mondo felice".

- Altro sguardo buono è quello che non si limita a 'guardare', ma *'vede realmente'.*

Vi sono tante persone che 'guardano', ma non 'vedono'.

Non basta 'guardare', occorre 'vedere'.

Guardare è spontaneo, vedere è una conquista.
Vedere una persona è accorgersi che c'è per davvero; è capire il suo stato d'animo, entrare in sintonia con i suoi sentimenti.

Il bambino si accorge se è solamente 'guardato' o se è 'visto': si accorge se si è lì per lui e con lui o se si è lì per l'amica con la quale parliamo; se si è per il bucato che stiamo stirando, per la televisione che stiamo guardando...

È vero che il bambino non va 'visto' tutto il giorno (sarebbe fortemente diseducativo: non c'è solo lui al mondo!), però, ogni giorno, è bene 'vederlo', riservandogli un po' del nostro tempo per regalare esclusivamente a lui, i nostri occhi, per giocare insieme, parlargli, sentirlo...

- Terzo tipo di sguardo buono è quello *sempre nuovo.*

Il figlio cresce e cambia: dobbiamo rinnovare anche il nostro modo di guardarlo.
Perché ostinarci a vedere sempre la piccola pianta e non il meraviglioso albero che sale? Perché non adattarci alla sua crescita?
Ad un certo momento dobbiamo cambiare gli occhiali e accorgerci che il figlio non è più un bambino, ma un fanciullo, un adolescente, e trarne le conseguenze nel nostro modo di parlargli e di trattarlo.
Voler continuare a vederlo sempre bambino, è come otturare la fontana della vita che gli irrompe dentro; è come potare un pino che è nato per svettare e farne un basso bonsai. Un misfatto pedagogico!

Occhi

"Gli uomini si rendono infelici
non per le cose che loro capitano,
ma per il modo con cui le guardano".
(Epitteto, filosofo greco)

"Bisogna guardare le colpe degli altri
con il binocolo capovolto
e le nostre col binocolo in posizione normale".
(Gandhi)

Il professor Enrico Medi così ricorda gli occhi di don Orione: "Erano occhi che ti bruciavano l'anima e ti entravano dentro, come la luce esce dagli angeli".

"Guardatemi!"

C'era una volta una ragazza che morì quando non aveva ancora compiuto i diciotto anni.
Allora la portarono al cimitero e le domandarono: "Monica, puoi ritornare a vivere un giorno della tua vita. Quale preferisci?".
E Monica: "Oh, ricordo come ero felice il giorno del mio dodicesimo compleanno! Vorrei ritornare al dodicesimo compleanno".
E così, eccola dodicenne, nel giorno meraviglioso del suo ricordo.
Scende le scale con un bellissimo abito e i riccioli ondeggianti. Ma la mamma è così indaffarata a preparare la torta del compleanno che non ha neppure il tempo di guardarla.
"Mamma, guardami, sono io la festeggiata!".
E la mamma: "Buongiorno, signorina festeggiata! Siediti e fai colazione".
Monica resta in piedi e ripete: "Mamma, guardami!". Inutile.
Entra il papà, ma è così occupato a guadagnare denaro per lei che non le ha mai parlato davvero.
Allora Monica sale sul palcoscenico, si mette in centro e dice: "Per favore, qualcuno mi guardi! Non ho bisogno della torta né del denaro. Guardatemi, per favore!".
Nessuno l'ascolta. Nessuno la guarda.
E la ragazza muore per sempre.

La belva. Il bandito. Il fratello.

Una volta un uomo, mentre marciava nel deserto, vide una figura che avanzava da lontano.
"È una belva!", pensò.
Dopo un po', quando la figura gli fu più vicina, disse tra sé: "È un brigante!".
Finalmente si trovò di fronte la figura misteriosa. Allora la fissò negli occhi e scoprì d'avere incontrato suo fratello che da tanto tempo se ne era andato.
Il messaggio di questa famosa parabola tibetana è chiaro: guardandoci profondamente negli occhi scopriamo che siamo tutti fratelli.

Il cane morto

Un giorno Gesù (così racconta un Vangelo apocrifo, cioè un vangelo che la Chiesa non ritiene ispirato) vide un gruppo di uomini che guardavano per terra e parlottavano.
"Che puzza!", diceva uno. "Che schifo!", aggiungeva l'altro. "Che carogna!", sbuffava il terzo. Si trattava di un cane morto da qualche giorno.
Gesù, rimase un momento in silenzio e poi disse: "Ma guardate che bei denti!".
In tutto c'è qualcosa di buono. Basta avere occhi generosi per vederlo. Persino un orologio fermo segna l'ora esatta due volte al giorno.

Gli occhi e le palpebre

Un giorno un discepolo si macchiò di una grave colpa. Tutti si aspettavano che il maestro lo punisse in modo esemplare.
Ma passò un anno e il maestro non diede segno di reazione.
Allora un altro discepolo protestò: "Non si può ignorare ciò che è accaduto! Dopo tutto, Dio ci ha dato gli occhi per vedere!".
Il maestro replicò: "È vero, ma ci ha anche dato le palpebre per chiuderli!".

Il ladro. L'artista. L'avaro. Il saggio.

Una volta un ladro, un artista, un avaro e un saggio, che viaggiavano insieme, scoprirono una grotta nascosta tra le rocce.
Il ladro disse: "Che splendido nascondiglio!".
L'artista: "Che posto splendido per dipingere murali!".
L'avaro: "Che splendido forziere per un tesoro!".
L'uomo saggio disse, semplicemente: "Che bella grotta!".
Il grande psicanalista austriaco, Bruno Bettelheim, ammoniva: "Non puntate ad avere il bambino che piacerebbe a voi. Abbiate rispetto per ciò che il bambino è".

Il contatto visivo

Purtroppo oggi sta scomparendo il contatto più semplice e più umano.
Altri contatti, più freddi e impersonali, stanno prendendo il sopravvento: il telefono, il telefonino, internet, e-mail, fax...
E così stiamo smarrendo il contatto più vitale tra tutti: il contatto visivo.
È un vero peccato! Priviamo i figli di uno dei doni più preziosi che possiamo far loro: i nostri occhi!

Le radici degli occhi

Le radici degli occhi sono nel cuore.
Se vogliamo avere lo sguardo buono, dobbiamo lavorare sui sentimenti: bonificare il nostro orto interiore, estirpare le erbacce, i sentimenti negativi, per introdurre quelli positivi: la serenità, la benevolenza, l'ottimismo, la pazienza, la gioia, la mitezza...
A questo proposito lo psicologo *Giuseppe Colombero* ci dà un consiglio molto saggio: "Abituarsi ad avere un animo sereno e un viso disteso, anche quando non c'è nessuno che ci osserva".
In tal modo prepariamo un animo quieto e sereno che premerà sui nostri occhi per uscire e rallegrare coloro che ci verranno incontro.
Allora tutti capiranno che i nostri occhi raccontano il nostro buon cuore!

Lo sapevate che...?

Subito dopo la nascita il volto della madre appare al bambino come una fitta rete di luci e ombre, con forti contrasti e contorni non ancora definiti.
Veramente già nel grembo materno il bambino si è esercitato ad aprire e a chiudere gli occhi. Ma quando nasce non è ancora abituato alla luce intensa. Perciò riesce a fissare lo sguardo sul volto della madre, o su un oggetto colorato, solo per pochi secondi.
A otto giorni riesce a vedere nitidamente solo a una distanza media di 19 centimetri. Le madri lo intuiscono e, quando parlano con il bambino, si avvicinano, quasi istintivamente, a questa distanza.
Solo da pochi anni, invece, la scienza è riuscita a comprendere il fenomeno e a stabilire che soltanto tra il secondo e il quarto mese, il bambino impara a vedere nitidamente. A quattro mesi, infatti, il piccolo è già in grado di distinguere i quattro colori principali.
ALTRE INTERESSANTI CURIOSITÀ.
"È dimostrato che, ad un mese, non solo il neonato riconosce il viso di sua madre e lo preferisce a quello degli altri adulti, ma se questa rimane impassibile davanti a lui, l'assenza di reazioni lo disturba in modo evidente". (*T. Berry Brazelton*)
Il bambino preferisce il rosso a tutti gli altri colori.
È affascinato più dalle forme rotonde e ricurve che da quelle spigolose.
Le cose in movimento lo attraggono di più di quelle ferme.

Ascoltare i figli

Esistiamo, veramente,
solo se qualcuno ci ascolta.

Vi è un'ospitalità che consiste nell'aprire le porte di casa, ma vi è anche un'ospitalità che consiste nell'aprire le orecchie: è l'ospitalità dell'ascolto.
Ascoltare il figlio è dargli sicurezza emotiva, è offrirgli un anticipo di fiducia: se ti ascolto, è segno che ti stimo!
Ascoltare è già, in qualche modo, rispondere. Lo notava l'esperto psicanalista francese *Jacques Lacan:* "Purché ci sia chi ascolta, non c'è parola senza risposta, anche se cade nel silenzio".
Ascoltiamo, dunque!
Non basta 'sentire'. 'Sentire' è un problema di acustica, 'ascoltare'è un problema di cuore.
'Ascoltare' è lasciare che le parole dell'altro penetrino dentro di noi, nel profondo, e vi risuonino con tutta la loro forza.
In concreto.

L'ospitalità dell'ascolto.

- Non diciamo al figlio: "Lasciami in pace; ho troppo da fare; cosa vuoi ancora?"...
- Sediamoci vicino.
- Concentriamo la nostra attenzione tranquilla su di lui.
- Non sbirciamo continuamente l'orologio.
- Guardiamolo in faccia. Non si ascolta solo con le orecchie, ma con tutto se stessi. Si ascolta con lo sguardo, con gli occhi accoglienti che fanno capire che lui, il figlio, in quel momento rappresnta, per noi, il mondo.
- Ascoltiamolo con amore. Dicono che l'amore è

cieco. Niente di più falso! Certe notizie le dà solo il cuore, non la mente. Ha ragione lo scrittore francese *François Mauriac* a dire che "quando due innamorati cominciano a spiegarsi, stanno per separarsi".

- Ascoltiamolo con simpatia, anche se non siamo d'accordo sui suoi hobby, su alcune sue stranezze.
- Non interrompiamolo tutti i momenti e neppure diamo subito un giudizio: "Quello che hai fatto è una grossa stupidata!". Lasciamo che il figlio si sfoghi, si sciolga.
- Rispondiamo a tono alle eventuali domande.

Ascoltare è abbracciare. E' far vivere.

Se tale sarà il nostro ascolto, non solo regaleremo al figlio un'ottima medicina psichica (l'ascolto è sempre terapeutico!), ma anche una straordinaria esperienza di incontro umanizzante, cioè educante: incontro indimenticabile e più efficace di mille parole.

Le parole si possono dimenticare, gli abbracci no. Ascoltare è abbracciare!

Ascoltare è far vivere. Ce lo ricorda questa dolce favola.

Tanti anni fa, in Cina, vivevano due amici.

Uno era molto bravo a suonare l'arpa. L'altro era molto bravo nell'ascoltarlo.

Quando il primo suonava o cantava una canzone che parlava, ad esempio, di montagna, il secondo diceva: "Vedo la montagna come se l'avessi davanti!". Quando il primo suonava a proposito di un ruscello, quello che ascoltava diceva, estasiato: "Sento scorrere l'acqua tra le pietre!". Ma un triste giorno quello che ascoltava si ammalò e morì.

Il primo amico tagliò le corde della sua arpa e non suonò mai più.

Esistiamo, veramente, solo se qualcuno ci ascolta!

Preghiera

Signore, mi piacerebbe tanto vivere
come la televisione di casa mia.
Così potrei riunire tutta la mia famiglia
attorno a me.
Sarei preso sul serio quando parlo
e non sempre interrotto.
Avrei la stessa attenzione che lei, la televisione,
ha quando non funziona.
Potrei stare un po' con mio papà
quando torna a casa dal lavoro.
La mamma mi cercherebbe
quando è sola.
I miei fratelli vorrebbero
avermi con loro.
Divertirei tutta la famiglia,
anche se, a volte, non dico niente.
Signore, ti chiedo troppo?
Ti chiedo solo di vivere
come vive una qualsiasi televisione.

(Preghiera di un bambino solo e annoiato)

A sentire i figli non si sbaglia mai

A sentire i figli non abbiamo che da guadagnarci, ripetiamo ancora una volta.
Perché, allora, non dar loro la parola? Forse non c'è via migliore per capirli e per imparare l'arte di educare.
Ascoltiamo i messaggi che seguono. Sono tutti sinceri, severi e veri. Tutti preziosi.
Tutti pieni di sapienza pedagogica, forse non voluta, ma profonda e illuminante, talora inquietante.

"Vorrei avere la tua buona volontà
di lavorare, mamma, ma non vorrei assomigliare
a te per la tua nervosità".

(Raffaella, otto anni)

"Io sono nato perché mamma e papà
si volevano bene. Quando incominciano a litigare,
ho paura che muoio".

(Carlo, sei anni)

"La mia mamma fa la casalinga
e così deve mantenere anche mio papà
che lavora soltanto".

(Luca, cinque anni)

"Quando io piangevo all'ospedale,
tu mamma mi tenevi la mano stretta
e mangiavi solo i miei avanzi.
Sei sempre comprensiva anche quando
sono di cattivo umore. Io sono contento
di avere una mamma come te,
perché non saprei cosa farei senza di te".

(Gianmaria, otto anni)

"Per la mamma la cosa più grave del mondo
è strisciare sulla cera dell'anticamera.
Per il papà è quando non trova i suoi wafer".

(Adriana, sette anni)

"I mie genitori si sono separati
quando avevo due anni e hanno ottenuto
il divorzio circa un anno fa. Odio la parola divorzio
e separazione perché mi impediscono di stare
con tutti e due i miei genitori. Da anni vivo
senza mio padre e posso garantire che non è bello.
Quante volte ho pianto!".

(Claudio, tredici anni)

"Bisticciano sempre, però sono innamorati perché
quando siamo a tavola il papà dice alla mamma:
'Versami il vino, così è più buono'".

(Luigi, dieci anni)

"Una volta sono venuti a farci visita
zia Francesca e zio Berto.
Io che allora avevo sei anni ho detto loro :
'So che il mio papà e la mia mamma sono contenti
che siate venuti, ma so anche che lo saranno di più
quando ve ne andrete'. Ancor oggi i miei genitori
si arrabbiano quando gli viene in mente e me lo
rinfacciano sempre".

(Claudio, nove anni)

"Quando qualcosa gli va male sul lavoro,
mio padre mi chiama 'ciccione' anche davanti
ai miei amici. Io ci resto troppo male".

(Marco, dieci anni)

"Lascia stare tranquillo il papà che ha lavorato",
dice sempre la mamma.
"Ma io non sono un lavoro!".

(Ornella, cinque anni)

"Mio papà fa un lavoro non di tutti:
fa il netturbino. Lo so, non è un bel lavoro,
ma lui ci mette tutta la buona volontà e la passione,
per poi dire: 'Milano è pulita!'.
Egli infatti per Milano è un elemento importante".

(Marco, otto anni)

Ringraziare i figli

I figli ci reinventano!

Abbiamo mai pensato a tutto quello che riceviamo dai figli? Mai pensato a tutto quello che dobbiamo loro?

È vero che il figli ci possono complicare la vita, però non è meno vero che ce la possono arricchire.

Le prove?

Eccole.

• **I figli ci reinventano.**

Ci danno occhi nuovi, stupore nuovo. Una madre diceva: "Il mio terzo figlio mi sta illuminando la vita, è il più bel regalo al cuore". Un padre aggiungeva: "Guardando negli occhi di mio figlio, vedo la luce che nei miei occhi si è affievolita: mi accorgo d'essere rinato. Guardando negli occhi di mio figlio sono diventato più forte insieme alla sua innocenza".

I figli sono il più bel regalo al cuore.

I figli ci rinnovano. A proposito viene spontaneo ricordare la stupenda espressione di *Sant'Agostino: "In eorum novitate innovamur":* "ci rinnoviamo nella loro novità, nel loro stupore di fronte alla vita e al mondo". Come non dar ragione a *Peter De Vries* quando affermava che "il valore del matrimonio non sta nel fatto che gli adulti generano i bambini, ma che i bambini generano gli adulti"?

• **I figli danno una ragione di vita.**

Silvia Melis, la madre sequestrata per sei mesi, nel 1997, in Sardegna, appena liberatasi dai sequestratori ha confidato: "Per resistere, parlavo ogni sera al mio Luca". Luca è il suo bambino che, mentre lei era prigioniera, compì cinque anni.

L'esperto del mondo giovanile, *Bruno Ferrero,* è giustamente convinto che "nessun uomo potrà mai capire il significato della vita, il significato del mondo, il significato di qualsiasi altra cosa, finché non avrà un figlio da amare".

- **I figli ci educano.**

Marta, sei anni, ha educato padre e madre quando ha gridato loro: "Smettetela di bisticciare!".

Alessandro, otto anni, si sentiva offeso dall'audace minigonna della giovane madre. Allora le ha detto: "Mamma, così non mi piaci". La mamma ha imparato che il figlio ama guardare in faccia la propria madre, non altrove.

La mamma ha imparato... Il papà ha imparato...

Raccontano che una bambina soffriva per le bestemmie del papà. Dovendo subire un'operazione, propose di sopportare ogni dolore per la correzione del padre, senza dirlo a nessuno. Ma se lo scrisse su un biglietto: "Perché papà non bestemmi più". Teneva il biglietto in mano durante l'intervento.

I medici, incuriositi, le aprirono il pugno, appena si addormentò. Quando il papà conobbe il contenuto, il biglietto fu rimesso in mano alla bambina, perché non si accorgesse. Ma le bestemmie cessarono per sempre.

- **I figli ci risvegliano i sentimenti.**

Ci aprono la sfera emozionale e sentimentale dell'anima, ci riscaldano il cuore e lo guariscono dalla freddezza, dalla fretta, dall'attaccamento alle sole cose.

• I figli ci costringono a diventare adulti.

Per due ragioni.

La prima ce la rivela lo scrittore *Stefano Biavaschi* quando nota che: "I figli sono chiodi che impediscono ai genitori di cadere nel baratro. Gridano il loro bisogno d'amore e così permettono a mamma e papà di intraprendere il loro cammino interiore".

La seconda ragione sta nel fatto che i figli, soprattutto da bambini, trattano i genitori da adulti, e quindi li fanno diventare tali. Senza saperlo, applicano il grande principio psicologico che afferma: "Se prendi uno per quello che è, lo lasci tale e quale; se lo tratti per quello che dovrebbe essere, lo fai diventare quello che deve essere".

La conclusione di tutto?

La lasciamo alla psicologa *Anna Maria Battistin*: "Un figlio può rappresentare dei limiti: alla carriera, alla libertà, alla vita economica. Ma io sostengo che noi abbiamo dai figli molto più di quanto diamo loro. Ogni donna che ha con il proprio figlio un rapporto abbastanza buono, abbastanza valido, se fa un bilancio, nella sua vita, si accorge che, in fondo, è un bilancio molto attivo".

Dunque?

Dunque essere genitori è più un premio che un sacrificio. Il poeta francese *Gustave Flaubert* è stato altissimo quando ha intuito che: "Chi ha figli è nel vero".

Essere genitori è più un premio che un sacrificio.

Da voi ho imparato...

(Riflessioni di un giovane parroco)

"Come sono i giovani? Dato che ogni giorno mi trovo a contatto con voi per una chiacchierata, per un incontro, per una pizza..., tralascio le inchieste e provo a dire che cosa ho imparato da voi in questi ultimi anni.

Realisti con coraggio.

Siete molto disincantati, guardate la realtà per ciò che è, senza rivestirla troppo di sogni. Sentite l'incertezza del futuro, le crisi di oggi, il grigiore dell'orizzonte. Eppure sapete convivere con questa realtà, sapete convivere con queste paure. Siete coraggiosi. È vera, per voi, la canzone di Jovanotti che dice: "La vertigine non è paura di cadere, ma voglia di volare".

Funamboli.

Vivete in una società con pochi appoggi per i piedi, con poche certezze, con poca forza istituzionale.

Così siete costretti a camminare su un terreno mobile, su sentieri scivolosi e incerti. Apprezzo la vostra capacità di destreggiarvi comunque, direi la vostra agilità in grado di farvi rimanere in equilibrio su una corda instabile.

Schietti.

È bello vedere la vostra schiettezza. Non vi nascondete, non velate i vostri limiti e i vostri dubbi.

Legati all'amicizia.

Lo dicono tutti i sondaggi: l'amicizia è in vetta ai valori dei giovani. Mi piace la cura dei legami. A volte rischia di generare gruppi chiusi, bande quasi impenetrabili. Ma nel vostro cuore apprezzo la tenace cura per l'amicizia.

Nostalgici di Dio.

Sulla religione avete mille dubbi e parecchi pregiudizi. Ma in molti vedo la nostalgia di un Dio, anzi, in parecchie occasioni mi ha colpito la voglia di mistero, di 'oltre', di silenzio.

Certo so bene che **non avete soltanto pregi.** Conosco la fragilità dei vostri cuori, l'incertezza dei vostri pensieri e dei vostri progetti. Quante ore passate a sentire le vostre fatiche, a commuovermi per le vostre ferite!

Ma so che non siete una generazione da buttare, anzi! Sento il **crepitio della brace** sotto l'appareren-te piattezza: molteplici interessi, sguardo critico, passioni artistiche, voglia di famiglia, senso di autonomia, serietà nello studio, voglia di responsabilità.

Sono certo che proprio tra voi si nascondono i profeti di una nuova civiltà, sono certo che siete sentinelle del nuovo mondo.

Per questo merita spendere tempo con voi". (*Olivero don Derio*)

"Viene ripetuto in continuazione:
'I giovani sono maleducati, avidi, violenti'.
Però nessuno dice: 'Perché sono così?
Fin dalla culla li abbiamo coperti di spazzatura
e adesso ci lamentiamo del loro cattivo odore".

(Susanna Tamaro, scrittrice)

"Ho sempre sostenuto che i figli
sono più sani dei loro genitori".

(Antonio Mazzi, sacerdote)

Grazie, bambini!

È vero che il bambino è una sorgente di biancheria sporca. È vero che è la persona più difficile da convincere quando è l'ora di andare a letto. È anche vero che il bambino è capriccioso, ostinato, furibondo, collerico, invidioso, bugiardo...

Però perché ostinarci a pensare solo ai problemi che crea e non anche alle soddisfazioni che dà?

Perché sottolineare ciò che toglie e non anche ciò che porta?

Pensiamo, anche solo, a quattro valori che ogni bambino porta con sé.

Tenerezza.

Cosa vi è di più tenero di un bambino dolce e indifeso? Guardare il volto di un bambino fa sempre bene. Placa. Addolcisce. Commuove. Disarma.

Aveva ragione *Feodor Dostoevskij* ad esortare: "Fratelli, amate tutta la creazione divina, nel suo insieme ed in ogni granello di sabbia. Amate ogni fogliuzza, ogni raggio di sole. Amate le piante. Amate le bestie, ma soprattutto amate i bambini perché essi vivono per purificare e commuovere i nostri cuori".

Meraviglia.

Il bambino vive lo stupore primitivo, la meraviglia dell'esserci.

Da bambino la neve è più bianca e più soffice. Il pedagogista-psicologo *Leo Buscaglia* diceva: "Se ti capita di dimenticare il significato del Natale, la sola cosa da farsi è consultare i bambini".
Il bambino ti dà l'idea del frizzante, del fresco, del nuovo, dell'acceso, del punto esclamativo incarnato!

Gioia.

L'Abbé Pierre che ha visto bambini in tutte le latitudini del pianeta, notava: "Anche nelle contrade più desolate, i piccoli esprimono un'autentica gioia di vivere. Un fatto che mi sconcerta e mi fa sperare".
I bambini sono la più bella 'fabbrica' produttrice di gioia. Hanno la festa nel sangue. Sono l'allegria della terra. Portano primavera.

Curiosità.

"Perché? Perché? Perché?": è un bombardamento che non finisce mai. Il cervello del bambino è inquirente, scattante, non conosce il grigio.
Ogni bambino ha i presupposti del genio.
Tenerezza, meraviglia, gioia e curiosità: quattro grandi valori racchiusi in quel piccolo corpo!
Abbiamo mai pensato a che cosa succederebbe, se tutti i bambini sparissero dalla terra?

"Essere papà di un figlio che cresce
significa rimettersi completamente in discussione
come persona. Quasi subito mi sono reso conto
che ci sono valori che si trasmettono solo se li si vive
in prima persona, nella quotidianità della casa,
del tempo libero, nel rapporto con tua moglie
e il resto della famiglia".

(Un padre di 36 anni)

La valdostana Roberta Brunet,
primatista dei 5000 metri,
ha vinto la medaglia di bronzo alle Olimpiadi del 1996.
La sua vittoria è un vero record perché ha portato l'Italia
ad un traguardo dove non era mai stata:
il terzo posto nel fondo.
La Brunet si è fatta largo tra alcune grandi favorite
dai pronostici.
Che cosa ha reso possibile tale vittoria?
Questa la risposta della protagonista:
"È stata la mia bambina Dominique! Pensando a lei,
ho corso più veloce ed ho resistito fino alla fine".

Pregare

Se le famiglie pregassero di piu',
si ammalerebbero di meno.

Educare vuol anche dire pregare.
Perché?
Per una ragione imbattibile: perché l'uomo (e il figlio, fin da piccolo, è uomo) è un mistero.
Chi può definire un bambino? Chi può descriverlo come si descrive una bicicletta?
Vi è più mistero in un piccolo che non nel brevetto del mondo intero!
Il figlio ha la sua libertà, la sua coscienza, la sua volontà. Se prendo un bicchiere, lo posso collocare dove mi pare e piace, senza nessuna difficoltà e reazione. Al contrario, nessuno può obbligare uno, sia pure bambino, a fare attenzione, ad ubbidire. Ogni uomo ha un mondo tutto suo, solo suo: l'uomo è mistero!
Ebbene, soltanto Dio può capire il mistero.
Ecco perché Dio gioca un ruolo fondamentale nel nostro lavoro di educatori.
Cacciarlo di casa, sarebbe uno sbaglio dalle conseguenze pesantissime. Dio è il nostro miglior alleato.

Dio è il nostro miglior alleato.

Anche lui si intende di educazione: ha educato tutto un popolo!
"Quando Israele era un bambino, l'ho amato e l'ho chiamato ad uscire fuori dall'Egitto perché era mio figlio... Gli ho insegnato a camminare tenendolo per mano. L'ho tenuto tra le mie braccia... L'ho attirato a

me con affetto e amore. Sono stato per lui come uno che solleva il suo bambino fino alla guancia. Mi sono abbassato fino a lui per dargli da mangiare" *(dal profeta Osea 11, 1-59).*

E' incredibile quanto le cose cambino pregando!

Non è la descrizione di quello che fanno un padre ed una madre? La descrizione di ciò che fate voi?
Dio è padre e madre insieme: non può non capire e sostenere i genitori! Basta coinvolgerlo, chiamarlo in causa; invocarlo, addirittura, fino al pianto.
Allora la preghiera si rivelerà quello che è: non un gargarismo di parole, ma una delle più potenti energie di cui possiamo disporre, una forza reale.
È incredibile quanto le cose cambino pregando!
La preghiera attutisce gli urti; porta pace; sostiene fatiche e speranze, gioie e dolori; allontana la tentazione di dare le dimissioni da educatori...
Importanza della preghiera! Aveva ragione *don Bosco* a dire che, in certe circostanze, vale di più una raccomandazione a Dio che una valanga di parole.
Per parte nostra siamo profondamente convinti che se le famiglie pregassero di più, si ammalerebbero di meno.

Preghiera per un figlio

Dammi un figlio che sia tanto forte
da accorgersi quando è debole,
tanto coraggioso da ammettere
di fronte a se stesso quando ha paura;
un figlio che si conservi fiero e indomito
in un'onorevole sconfitta,
umile e magnanimo nella vittoria.
Dammi un figlio che non sostituisca mai
i desideri ai fatti;
un figlio che si conosca e che sappia che
conoscere se stesso è il primo
fondamento di ogni conoscenza.
Conducilo, te ne prego, non sulla via
degli agi e delle comodità, ma sotto
il pungolo e la spinta delle difficoltà e del rischio.
Fa' che impari a procedere eretto nella tempesta,
fa' che impari a provare compassione per chi cade.
Dammi un figlio che abbia il cuore limpido
e che ponga molto in alto il suo traguardo;
un figlio che impari a dominare se stesso
piuttosto che voler dominare gli altri.
E quando tutte queste cose saranno sue,
concedigli ancora la capacità di sorridere
tanto da poter essere preso sul serio.

(Preghiera per il figlio, composta da Douglas MacArthur, generale statunitense nella II guerra mondiale)

Talità kum!

Nel Vangelo (Mc 5, 22-43) vi è una pagina molto commovente.
Un padre, di nome Giairo, ha una figlia di 12 anni che un giorno si ammala gravemente e, in poco tempo, è ridotta in fin di vita.
Saputo che Gesù passava da quelle parti, il padre corre da lui, "gli si getta ai piedi e lo prega con insistenza: 'La mia figlioletta è agli estremi, vieni ad imporle le mani perché sia guarita e viva!'".
Gesù si commuove e parte con il padre per andare a casa della figlia moribonda.
Cammin facendo, però, incontra una folla enorme che non lo lascia proseguire. In particolare incontra una donna che da tanto tempo soffriva di emoraggie e, nonostante tutte le cure dei medici, non riusciva a guarire.
Come Gesù le è vicino, la donna si fa largo tra la folla a colpi di spintoni e, finalmente, riusce a toccare il mantello di Cristo. Ha così fede che pensa: "Se riuscirò anche solo a toccare il suo mantello, sarò guarita". E così è.
A questo punto, alcuni amici del padre della figlia ammalata, arrivano di corsa a dirgli: "Tua figlia è morta. Non disturbare più Gesù.

Ma Gesù, che sa bene cosa ha intenzione di fare, continua la sua strada verso la casa della ragazzina. Arrivato, vede tanta gente che piange, si lamenta, strepita.
Commosso, prende con sé il padre e la madre della fanciulla ed entra nella sua cameretta.
La ragazza è là, sul suo letto, morta.
Gesù la guarda con tenerezza. Poi si avvicina, la prende per mano e le dice in aramaico: "Talità kum!", che significa: "Fanciulla, io ti dico, alzati!".
"Subito la fanciulla si alza e si mette a camminare. Aveva 12 anni. Gesù ordina di darle da mangiare".
Davvero: uno dei miracoli più delicati di tutto il Vangelo!
Miracolo strappato a Gesù dalle preghiere di un padre.

L'elefante

Una volta il re andò a trovare un saggio e gli disse: "Maestro, insegnami la verità".
Il maestro rispose: "Porta sulla piazza del villaggio un elefante e quattro ciechi".
Il re rimase sorpreso della richiesta, ma ubbidì.
Allora il saggio si avvicinò al primo cieco, gli prese la mano destra, la posò sulla proboscide dell'elefante e gli disse: "Tocca qui: è un elefante".
Poi posò la mano del secondo cieco sull'orecchio: "Tocca qui: è un elefante".
Al terzo fece toccare una zampa, al quarto la coda.
Poi tornò dal primo e gli chiese: "Com'è un elefante?".
Il primo cieco rispose: "E' lungo e ruvido con due buchi in fondo".
"Ma no, disse il secondo cieco: è piatto come una vecchia pergamena".
"Sciocchezze, intervenne il terzo cieco che aveva toccato la zampa: è pesante e rotondo con delle unghie sul bordo".
"Ma cosa mi tocca sentire, disse il quarto che aveva accarezzato la coda: è piccolo e rotondo e ha tanti peli in fondo".
Siccome minacciavano di venire alle mani, fu necessario dividerli.
Allora il saggio disse al re: "Eccola, la verità!".

La verità è sempre difficile da raggiungere.
Chi è il bambino? Il bambino è mistero.
Ebbene, ripetiamo, solo Dio conosce i misteri. Ecco perché affidare a Dio il nostro bambino, pregare per lui, è parte fondamentale dell'arte di educare.

Educarci

Come puo' pensare sequoie
chi non vede che bonsai?

Il brillante scrittore inglese *Oscar Wilde* diceva: "In quest'epoca tutti sono così ansiosi di educare il prossimo, che non hanno più tempo ad educare se stessi".
L'affermazione, umoristica o sarcastica, come volete, è quanto mai attuale.
È incredibile la superficialità con la quale tanti affrontano il compito dell'educazione.
Vi sono persone che diventano genitori senza avere la più pallida idea di ciò che significhi essere, veramente, padri e madri.
Eppure non è per nulla scontato essere genitori: essere, cioè, persone che 'generano'il figlio, facendolo venire sempre più alla luce, anno dopo anno.
Ha ragione *Ernesto Caffo*, l'ideatore del 'Telefono Azzurro' a sostenere che "un adulto non diventa genitore automaticamente: è un processo mentale che presuppone tempo".
Insomma, come non basta avere un piano per essere un pianista, così non basta avere figli per essere genitore-educatore.
Per essere tale, non è sufficiente la maturità biologica che si raggiunge quando si è in grado di generare; non è sufficiente la maturità legale che permette di poter compiere attività ed azioni permesse dalla legge, come, ad esempio, votare, guidare l'auto...;

Non basta avere un piano per essere un pianista; non basta avere un figlio per essere genitore-educatore.

non basta neppure la maturità mentale di chi ha una certa cultura.
Per essere genitore-educatore occorre aver raggiunto una buona maturità nel complesso della propria personalità.
D'altronde, è logico che sia così.
Quando il figlio nasce, infatti, non sa niente: non sa che il fuoco brucia, non sa parlare, non sa telefonare, non sa salutare...
Da chi impara a vivere da uomo?
Dai primi che vede vivere: impara dai genitori.
Se ha la fortuna di vedere persone riuscite, rimanda l'immagine di una persona riuscita; se ha la sfortuna di vedere persone fallite, rimanda l'immagine di una persona fallita.
In una parola: gli uomini 'nascono' solo dagli uomini!
Ecco perché la nostra capacità di educare è proporzionale al livello raggiunto nella nostra educazione. Un figlio che non vede che bonsai, non potrà immaginare sequoie!
A questo punto il discorso si fa serio ed urgentissimo.
Molti pedagogisti notano che vi è stato un triplice progressivo passaggio: dai genitori 'autoritari' si è passati ai genitori 'permissivi', per arrivare, oggi, ai genitori 'regrediti': ai genitori non cresciuti.

Gli uomini 'nascono' solo dagli uomini.

Sui nuovi vocabolari inglesi vi sono due parole che, per ora, non si trovano nei dizionari italiani: 'adultiscenza' e 'adultiscenti'. Tali termini uniscono due vocaboli: 'adulto' e 'adolescente', per dire che oggi in tanti adulti vi è ancora molta (troppa!) adolescenza. Adulti immaturi, non formati.

Smettiamola, allora, di dire che i ragazzi sono fragiii, vuoti, sbandati. È una lamentela tanto diffusa quanto insensata, esattamente come quella di quell'anziana che, specchiandosi e vedendosi piena di rughe, dava la colpa allo specchio.
Siamo onesti: se i ragazzi zoppicano, è perché gli adulti non riescono a stare in piedi!
Adesso è chiaro perché il filosofo spagnolo *Fernando Savater* continua ad esortare: "Genitori, per favore, crescete!".
Può dirigere l'orchestra chi non conosce la musica?

Se i ragazzi zoppicano, è perché gli adulti non riescono a stare in piedi.

Roberto Benigni, a proposito del suo grande maestro
Federico Fellini, diceva:
"Quando si sta sotto una quercia,
forse gli rimane in mano qualche ghianda".

"La più potente forza di educazione
consiste nel fatto che io stesso,
in prima persona, mi protendo in avanti
e mi affatico di crescere".
(Romano Guardini, filosofo e teologo)

Se avete 40 anni...

Il pedagogista *Charles Galea,* che per anni si è occupato di ragazzi difficili nei riformatori degli Stati Uniti, è molto deciso: "Se avete 40 anni, non comportatevi come se ne aveste 16.
I vostri figli vogliono qualcuno da rispettare; forse non hanno il coraggio di dirvelo, ma non c'è dubbio su quello che pensano: 'Comportatevi da genitori, non da coetanei'".
Comportatevi da 'adulti', cioè da 'cresciuti'.
È precisamente questo il significato del termine 'adulto'. 'Adulto' deriva dal verbo latino 'adolesco' che significa 'cresco'.
Anche il termine 'adolescente' deriva dallo stesso verbo, perciò significa 'crescente'. Dunque, se l'adolescente è un 'crescente', l'adulto è un 'cresciuto'.
Questo, stando alla parola. La realtà, purtroppo è, sovente, diversa.
O no?

Si è fatto molto per il controllo delle nascite,
e per il controllo dei genitori?

Poveri figli di adultiscenti

Li chiamano 'adultiscenti'.
Chi sono?
Semplicissimo! Sono adulti che non hanno smesso di essere adolescenti: 'adultiscenti', appunto.
Indossano pantaloni militari e scarpe da ginnastica, escono fino a tardi il sabato sera e vanno ai concerti rock.
Insomma, hanno oltre i 50 anni e si comportano come i loro figli.
Gli 'adultiscenti' non sono né carne né pesce.
Un bel guaio per i ragazzi che hanno bisogno di modelli limpidi, ben definiti. Bisogno di padri e madri che si comportino da genitori e non da amici.
Ha ragione la scrittrice *Elena Loewenthal* ad avvisarci: "I nostri poveri adolescenti, già confusi per i fatti loro, potrebbero trarre danni irreparabili dal confronto con questi adulti marmocchi, renitenti alla crescita, illusi di poter restare così, in bilico tra un'età e l'altra. E tanto più se sono i propri genitori. Quindi, mamma e paparini frizzanti, bando agli affanni da giovanilismo coatto. È arrivata - finalmente - l'ora di crescere".

Mente assorbente

È un dato di fatto che i bambini nascono portati ad imitare, a copiare, a fare quello che vedono fare.
Secondo *Maria Montessori* la mente del bambino è 'assorbente'.
Diciamo una parolaccia? Il piccolo la ripete.
Mentiamo? Impara a mentire...
Ecco: il piccolo assorbe tutto quello che lo circonda.
Assorbe la serenità, la pace, la gioia, le paure, le nevrosi, l'entusiasmo dei genitori...
Potremmo dire che l'educazione non è, in fondo, che un processo di identificazione: è, cioè, un insieme di atti per cui una persona è spinta a pensare, a sentire ed a comportarsi in modo simile ad un'altra persona che le appare come modello.
Quanto più alto è il modello nel quale ci si identifica, tanto più si cresce.
Ancora una volta, dunque, genitori, per favore, crescete!

Come canta l'abate,
così risponde il frate.
(Proverbio)

Continuare

Non molliamo! Anche nel silenzio, anche se nessuno ci batte le mani, continuiamo ad educare. "La grandezza piu' grande e' forse quella di perdersi in una grandezza anonima".

(Charles Péguy)

Può succedere che, ad un certo momento, tutto sembra che crolli.

"Non vuole più saperne di nulla! Convive con una ragazza. Ha una relazione con uno sposato. La droga l'uccide. Non ha più la fede...".

Genitori smarriti e disperati a motivo dei figli, genitori feriti nel cuore.

E sembra che la croce colpisca, a preferenza, le famiglie più impegnate.

Che dire? Che fare?

Certo queste sono pene così grandi che non si possono cancellare. Però un aiuto bisogna pur darlo, con molta umiltà e con tutta la partecipazione possibile.

Allora, ecco ciò che sussurriamo.

Nonostante tutto...

- **Continuate ad essere ciò che volete trasmettere.**

Ad essere agganciati ai valori in cui avete sempre creduto. Il figlio, anche se staccato e sfottente, continua a vedervi. E voi continuate ad essergli punto di riferimento.

Ci ha detto un ragazzo uscito da una lunga crisi: "Io mi rendevo conto della sofferenza di mio padre e di mia madre, ma sentivo il loro amore proprio nel non farmelo pesare, e questo mi è stato di grande aiuto". Un altro giovane: "Durante tutto il mio periodo di sbandamento, ho sempre ammirato i miei genitori e ho sempre saputo che potevo contare su di loro. Questo mi ha aiutato, più d'ogni altra cosa, ad uscire da quel lungo periodo di buio".

- **Non tormentatevi** per scoprire quale colpa avete potuto commettere, in che cosa avete sbagliato. Questo non risolve nulla, anzi, può creare tensione e quindi aggravare la situazione.

Non è detto, poi, che abbiate una vera responsabilità. Il successo dell'educazione, infatti, non dipende mai solo dai genitori, ma anche da due altri fattori: in primo luogo, dalla libertà del ragazzo; in secondo luogo, dall'ambiente: si pensi a quanto può influire il gruppo, specialmente nel periodo dell'adolescenza.

- **Continuate a pregare.**

Le lacrime dei genitori squarciano i cieli e raggiungono Dio: quel Dio che conosce (lui solo!) il cuore dell'uomo e può dargli, anche nel più gelido inverno, un sussulto di primavera.

- **Continuate a sperare.**

Il successo dell'educazione non dipende mai dai soli genitori.

La nota scrittrice *Oriana Fallaci*, intervistata sul futuro dei bambini della Bosnia, feriti, storpiati, mutilati, nell'orribile guerra dell'ex Jugoslavia, ha risposto: "Il futuro è sempre una possibilità di bene, e non bisogna mai negarci la speranza. Mai. Lo dico anche in '*Lettera a un bambino mai nato*'. Molte donne mi chiedono: mettere al mondo un figlio, perché? Perché abbia fame, perché abbia freddo, perché venga tradito e offeso, perché muoia ammazzato da una guerra o da una malattia? E negano la speranza che la sua fame sia saziata, che il suo freddo sia scaldato… Forse tra quei bambini mutilati c'è un grande uomo e una grande donna. Un gran poeta, che so. O un grande scrittore, un grande musicista… Omero era cieco, Leopardi era gobbo, Pascal aveva la scatola cranica aperta e Roosevelt era storpio".

Ignazio di Loyola (153 metri di statura, ma tanta, tanta superbia) era un giovane capriccioso, selvaggio, desideroso di gloria e di potere, vanitoso, prepotente, passionale, donnaiolo, giocatore d'azzardo, facile all'ira, tanto è vero che prendeva la spada per un niente durante qualche litigio in osteria. Un soggetto che è meglio non incontrare… Che sia diventato santo (e quale santo!) è una delle tante prove che, davvero, vi può sempre essere speranza per tutti.

Vi può sempre essere speranza per tutti.

Fa' il bene e gettalo in mare,
penserà Dio a farlo galleggiare!
(Proverbio)

"Abbiamo sbagliato tutto...!".

Mai come oggi capita di incontrare mamme e papà con le lacrime agli occhi e col cuore spezzato.
"Ce l'abbiamo messa tutta... eppure come genitori abbiamo fallito! Abbiamo sbagliato tutto...!".
Che dire a questi genitori che sono passati dall'ottimismo iniziale al più cupo pessimismo?
Certo, la risposta stenta a venire. Ma tanta è l'attesa che bisogna pur dire qualcosa.
Ed allora ci affidiamo alla risposta che il cardinale *Carlo Maria Martini* dà a chi gli fa le confidenze di cui sopra.
È una risposta molto delicata e saggia. Sentiamola.
"È forse colpa della sorgente se il corso del torrente si perde in un pantano?
Se avete agito secondo la luce che vi è stata data, restate in pace e non datevi colpe che non avete.
Se in qualche cosa avete sbagliato, cercate il perdono del Padre che sta nei cieli e poi restate in pace; non date un peso esagerato ai vostri errori e non togliete ai vostri figli le responsabilità che competono loro. Non solo i genitori possono sbagliare, ma anche i figli.
Piuttosto, non stancatevi di pregare e di avere fiducia. Il Padre che è nei cieli ama i vostri figli e nipoti

più di voi: saprà lui attirarli a sé e bussare alla loro porta, per entrare da loro, se non rifiutano di aprire. Forse la pena di questi giorni è come un seme che prepara fiori splendidi anche nell'acqua del pantano".

Non molliamo!

Non molliamo! Anche nel silenzio, anche se nessuno ci batte le mani, continuiamo ad educare. "La grandezza più grande è forse quella di perdersi in una grandezza anonima", ha affermato *Charles Péguy*, poeta francese.
Ebbene, questa è la grandezza dei padri e delle madri che, senza testimoni e senza elogi, continuano a formare persone nuove.
Questa è la grandezza di chi, come voi, nonostante le molte difficoltà, non dà mai le dimissioni da genitore-educatore.

La sorgente

Tre viandanti si trovarono un giorno vicino ad una sorgente che scaturiva da una roccia. Sulla sorgente c'era questa scritta: "La sorgente sia il tuo modello".
I tre discussero sul significato della frase.
Il primo disse: "La sorgente, lungo il suo percorso, raccoglie altre acque e diventa un grande fiume.
Anche l'uomo, durante la sua vita, deve ingrandire il suo capitale per diventare più ricco".
Il secondo disse: "Per me la scritta vuol dire che l'uomo, nel suo modo di parlare, dev'essere limpido com'è l'acqua di questa fontana".
Il terzo, che era un uomo saggio, disse: "La sorgente dev'essere modello dell'uomo. Essa dà da bere a tutti, senza richiedere niente, fa del bene a tutti, senza aspettare alcuna ricompensa".
La sorgente è il modello del vero educatore.

Lasciare un buon ricordo

Un buon ricordo, portato con noi fin dall'infanzia, puo' fare la nostra salvezza.

Vi è un libro intitolato "Il valore dei ricordi dell'infanzia". In esso, l'autore *Norman B. Lobsens,* riporta le risposte date alla domanda: "Qual è il più bel ricordo dei tuoi primi anni?".

Per primo, il figlio stesso dell'autore ha risposto: "Mi ricordo quando una sera eravamo soli in macchina e tu ti sei fermato a prendermi le lucciole". Il bambino aveva cinque anni. "Perché ti ricordi di questo?", gli domanda il padre. "Perché non credevo che ti saresti fermato a prendermi le lucciole, invece ti sei fermato!".

Per un altro il più bel ricordo è "il giorno della scampagnata scolastica, quando mio padre - di solito freddo, dignitoso, impeccabile - si presentò in maniche di camicia, si sedette sull'erba, mangiò con noi e partecipò ai nostri giochi lanciando la palla più lontano di tutti. Più tardi scoprii che aveva rimandato un importante viaggio di affari per stare con me quel giorno".

In ognuno vi sono tracce dei propri genitori. Nel bene e nel male.

Lasciare un buon ricordo! Anche questo è educare! D'altronde, un ricordo lo si lascia sempre. Non è forse vero che in ognuno di noi vi sono tracce dei nostri genitori? Basta riflettere un attimo per convincerci.

Basta sfogliare una qualsiasi biografia di uomini noti o meno noti, per trovare riferimenti alla propria madre, al proprio padre.

Il poeta spagnolo *Federico Garcia Lorca,* ad esempio, ricorda: "La mattina quando suonavano le nove, mia madre entrava nella stanza dove già lavoravo e, aprendo la finestra sul balcone, diceva sempre: "Che entri la grazia di Dio!".

Julien Green, scrittore francese, ricorda: "Nella mia vita la persona che ha contato di più è stata mia madre. Mi ha dato l'amore alla vita, il desiderio di capire, la tolleranza, soprattutto la tolleranza. Infine mi ha chiuso nel Vangelo, come si chiuderebbe un bambino nel cielo".

Padre e madre non si dimenticano...

Simpatico è il ricordo di *Luciano De Crescenzo,* anche lui scrittore: "Mia mamma praticava il 'nulla si compra e nulla si getta'. Conservava qualsiasi cosa fosse entrata in casa e riempiva i cassetti di oggetti completamente inutili. Su una delle scatole di spaghi aveva scritto: 'Spaghi troppo corti per essere usati'".

Ed ecco il ricordo di una persona certo meno nota, il lookologo *Roberto D'Agostino:* "Chiara era il nome di mia madre. Tagliava e cuciva reggiseni, corazze di lastex, pieni di ganci, per donne panciute. Era una donna abbastanza allegra. Il più bel ricordo di mamma Chiara? La sua tenacia. Ad essere così ostinato, l'ho imparato da lei".

Insomma, basta essere figli, per ricordarci della mamma. Lo stesso vale per il papà.

"Era un uomo di grande probità morale e di grande dedizione al lavoro. Nel 1942 e '43 salvò molti beni di israeliti: non solo beni. Nel 1944 rimase ucciso sotto i bombardamenti mentre soccorreva i feriti" (*Giovanni Spadolini,* politico).

"Mio padre è stato meraviglioso, e quasi tutti i miei ricordi di infanzia e di adolescenza si riferiscono a lui.

Era così esigente con se stesso da non aver bisogno di mostrarsi esigente con suo figlio. Il suo esempio era sufficiente ad insegnare la disciplina e il senso del dovere. Era un uomo eccezionale" (*Giovanni Paolo II,* papa).

"Mio padre non ha mai avuto fortuna. Mio padre ha sempre chiuso la luce delle scale e io salivo sempre al buio. In mio padre non ho mai visto ombre" (*Marco,* 18 anni).

"Mio padre è stato bocciato una volta alle Medie, e a scuola non era uno dei migliori. Ora con tutto quello che ha dovuto affrontare nel lavoro, si è come illuminato. Lui è sempre lì a correggerti, ad aiutarti. Quando stai facendo un lavoro, ti mostra un'altra possibilità di fare quella cosa. In famiglia è come una fonte di salvezza" (*Claudio,* 19 anni).

"Quando ero bambino, mio padre si alzava molto presto per andare a lavorare. Mi ricordo che prima di uscire di casa, si affacciava alla camera dove dormivamo noi piccoli e, stando sulla porta, diceva piano a nostra madre: 'Ti ho acceso il fuoco'. Voleva dire: 'Non preoccuparti di alzarti prima dei bambini per accendere e scaldare la cucina. L'ho già fatto io'. Quando ci alzavamo nostro padre non c'era più, ma quel fuoco, quel tepore, parlavano di lui: ci diceva che c'era stato e aveva pensato a noi" (*Giuseppe Colombero,* psicologo).

Bellissimo è il ricordo di *Madre Teresa* di Calcutta: "Papà mi diceva sempre: figlia mia, non accettare mai un pezzo di pane, se non è diviso con gli altri".

Un buon ricordo può decidere di un'esistenza!

Lasciare un buon ricordo!

Un buon ricordo può decidere di un'esistenza.

Lo ha ben capito lo straordinario scrittore russo *Feodor Dostoevskij* il quale diceva: "Sappiate che non c'è nulla di più alto, e forte, e sano, e utile per la nostra vita a venire di qualche buon ricordo, specialmente se recato con voi fin dai primi anni, dalla casa dei genitori. Uno di questi buoni e santi ricordi, custodito fin dall'infanzia, è forse la migliore delle educazioni. E quand'anche un solo buon ricordo rimanesse con noi, nel nostro cuore, potrebbe un giorno fare la nostra salvezza".

Terminiamo il nostro lavoro con il riferimento alla risposta che *James Barrie* (l'autore inglese del celebre 'Peter Pan') dava a chi gli chiedeva perché Dio ci ha dato la memoria. "La memoria - rispondeva - ci è stata data da Dio, per permettere agli uomini di avere le rose anche in Dicembre".
Per comprendere tutta la bellezza di tale risposta, dobbiamo ricordare che siamo agli inizi del 1900, quando le rose a Dicembre erano un sogno! Le rose fiorivano ad Aprile e a Maggio, però, grazie alla memoria, potevamo averle anche a Dicembre.
Ebbene, possiamo applicare la poetica affermazione dello scrittore inglese ai nostri figli i quali, se hanno avuto genitori con così tanta buona volontà, con così tanto impegno da arrivare a leggere fin qui, sicuramente, domani, cresciuti, non potranno non dire: "La memoria ci è stata data da Dio per permetterci di ricordarci di avere avuto un bravo papà ed una brava mamma! Grazie!".

"Grazie!".

Per terminare...

LA PATENTE DEL GENITORE

Un presidente degli Stati Uniti della metà del 1800, Abraham Lincoln, ha scritto: "Un bambino è colui che proseguirà ciò che avete intrapreso. Egli siederà al posto in cui siete seduti. Dedicherà le sue cure alle questioni che voi oggi ritenete importanti. Prenderà il posto delle vostre scuole, università, corporazioni e le amministrerà. La sorte dell'umanità è nelle sue mani".

Sì: la sorte dell'umanità è nelle mani del bambino.

Ma le mani del bambino sono formate, oggi, dalle nostre mani!

Mani che vanno preparate a saper maneggiare con cura il nostro piccolo, molto più che un'automobile.

Ecco perché i genitori dovrebbero frequentare una buona Scuola Guida per conoscere la segnaletica dell'educazione.

Ebbene, tanto per cominciare, ne proponiamo un assaggino.

Semaforo

Il semaforo ci vuole. Sembra che rallenti il traffico, in realtà lo regola, lo armonizza, impedendo tanti incidenti.

Il semaforo non distrugge la libertà, ma la salva.

Così padre e madre devono essere semafori per il figli.

Papà e mamma - semaforo comunicano in modo rapido, concentrato. Il che non solo è gradito ai ragazzi d'oggi, ma è anche saggio: le parole sono come i

raggi del sole: più sono concentrati, più bruciano.
Papà e mamma - semaforo danno segnali forti e densi. Dicono, ad esempio, ai figli: "Non vogliamo che ci seguiate, non vogliamo che ripetiate il nostro lavoro, la nostra professione..., ma, rispettando la vostra libertà, vi offriamo il nostro parere...". Dicono: "Questo è pericoloso come attraversare la strada con il rosso...". Dicono: "Questo non è un valore, ma un disvalore...". Dicono: "Questo ti distrugge come la droga, come un gas tossico...".

Divieto di sorpasso

Padre e madre devono procedere di pari passo: proibito 'sorpassarsi'!
La concordia dei genitori è fondamentale per il figlio. Solo se c'è un'unica strategia educativa, il bambino si sente sicuro e protetto. Al contrario, "quando due capitani guidano la nave, la fanno finire in montagna" (*proverbio tibetano*).
Non è accettabile che sia soltanto la mamma ad interessarsi di educazione. La madre può essere bravissima in tutto, ma non basta: il figlio, per non crescere scompensato, ha bisogno anche della figura paterna.

Animali

Il bambino non è un animale.
Dunque non gli basta vivere, non gli basta respirare, non gli basta mangiare.
Il piccolo non è mai solo un tubo digerente!
Fin dai tre mesi "sente se i genitori vanno d'accordo, anche se sono attentissimi a non alzare la voce in sua presenza" (*Jacquiline Renaud,* psicologa).

Il bambino non è mai solo un tubo digerente: il bambino è persona. Dunque va trattato da persona. Omogeneizzati e nutelle non gli bastano, pane e companatico gli sono insufficienti.
Il bambino è persona, quindi ha bisogno di Valori. Non offrirgli Valori è trattarlo da animale.
Decisamente troppo poco per il nostro piccolo!

Dare la precedenza

Non tutte le cose hanno lo stesso valore. Alcune hanno più valore: a queste, ovviamente, dobbiamo dare la precedenza.
Qualche esempio.
-Meglio un sorriso che un brontolio.
-Meglio fare qualche domanda che pensare d'avere subito la risposta.
-Meglio una preghiera che una valanga di parole.
-Meglio buoni esempi che buone raccomandazioni.
-Meglio un bambino che corre e si muove liberamente che un bambino attaccapanni ambulante, con gli abiti firmati dalla testa ai piedi...

Caduta massi

Vi sono parole che sono carezze : "Ciao!", "Grazie", "Scusa", "Ti voglio bene", "Tifo per te", "Mi piaci", "Cosa ne pensi?", "Dimmi se ho sbagliato"... e parole che, al contrario, sono massi: "Questa me l'attacco al dito!", "Sei un disastro!", "Ma che figlio abbiamo!", "Chiudi il becco!"...
Parole 'massi', perché parole che schiacciano, umiliano, tarpano le ali, uccidono! Aveva ragione la scrittrice francese, *Simone de Beauvoir,* a dire che "vi sono paro-

le che possono uccidere più che le camere a gas!".
Le parole 'massi' sono da evitare sempre! Buttiamole nel cestino della carta straccia!

Pronto soccorso

Il bambino è caduto...
Padre e madre scattano, entrano in agitazione: "Oh, poverino, chissà come ti sei fatto male!", e su cerotti, pomate, disinfettanti...
Ecco un esempio di genitori pronto soccorso.
I genitori pronto soccorso non sono patentati, perché passano al figlio l'idea di non essere in grado di togliersi d'impaccio da solo; perché gli trasmettono l'idea della sua inettitudine.
Dunque limitiamo al massimo i nostri interventi. Il bambino sta bisticciando con un amico? Lasciamo che se la sbrighi da solo: interveniamo solo quando il pericolo è 'mortale'! Il figlio sta facendo i compiti scolastici? Non aiutiamolo: tutt'al più diamogli una mano solo in un passaggio troppo difficile e indispensabile per procedere. Vuole rimettere a posto la catena della bicicletta che è uscita dall'ingranaggio? Non interveniamo! Il grande psicologo svizzero *Jean Piaget* diceva: "Tutte le volte che facciamo una cosa che il bambino può fare da solo, gli rubiamo un pezzo di vita".

Limite massimo di velocità

Anche in educazione è necessario rispettare la velocità.
Oggi, invece, tutto accade troppo presto ai nostri bambini: troppo presto assistono a scene di violenza, troppo presto vedono scene erotiche...

Il famoso pediatra *Marcello Bernardi* gridava: "Badate che i vostri figli stanno combattendo una battaglia quasi disperata! Non c'è niente, o quasi niente, che vada bene per un bambino d'oggi".
Qualora ciò non bastasse, talora a complicare le cose siamo noi. Non rispettiamo il limite di velocità sopportato dal bambino! Siamo genitori 'turbo' che vogliono accelerare il piccolo: a tre anni deve leggere, a quattro deve suonare, a cinque deve ballare...
Per favore, stracciamo subito il 'complesso dell'autodromo'.
Bellissimo è ciò che dice lo scrittore cecoslovacco Franz Kafka: "Lasciamo dormire il futuro. Se lo svegliamo prima del tempo, abbiamo un presente assonnato", abbiamo un bambino simile al fiore artificiale fatto in un giorno, ma senza profumo!

Attraversamento pedonale

Sulla strada vi sono macchine che corrono veloci e moto che fiondano, ma vi sono anche semplici piedi che camminano.
Ognuno ha il suo ritmo, la sua velocità, ognuno ha il suo orologio, il suo tempo.
Accettiamo tutti, anche quelli che vanno a piedi!
E' giusto, ad esempio, stabilire che tutti i bambini devono camminare al termine del primo anno, che tutti devono parlare, dopo tanti mesi, che devono essere 'maturi', dopo un tot di anni scolastici...?
Solo le melanzane maturano tutte nella stessa stagione.

Passaggio a livello senza barriere

Eliminare le barriere è pericoloso. Sempre ed ovunque. Soprattutto in educazione.
La barriera pedagogica per eccellenza è il 'no'.
'No': parola brevissima che può avere conseguenze lunghissime. Lo scrittore francese *Nicolas Chamfort* diceva: "Gli uomini diventano schiavi perché non sanno pronunciare la sillaba 'no'".
Allora: 'no'. Ma quali? Ecco qualche esempio.
No allo zainetto che sembra un container.
No al lettone.
No ai compiti fatti dai genitori.
No ai troppi giocattoli.
No alle continue richieste.
No alla televisione personale in camera.
No al bambino firmato dalle scarpe al cappellino...

Dossi

Non sempre la strada è pianeggiante: di tanto in tanto ha dossi, cioè piccole alture.
Così la vita.
Di tanto in tanto, eccoti un 'dosso', un ostacolo, piccolo o grande.
Hai da sbucciare un'arancia?
E' un dosso.
Hai da prepararti agli esami?
E' un dosso.
Hai da alzarti quando hai sonno?
E' un dosso...
Fin da piccolo il bambino deve venire a sapere che la strada della vita è coperta di dossi e, soprattutto, deve allenarsi a superarli, dolcemente e decisa-

mente, come fa il bravo automobilista.
Ecco perché i genitori troppo morbidi fanno la peggior ingiustizia ai figli: li illudono che si possa vivere di chiare d'uovo, senza nessun ostacolo.
I 'dossi' di oggi sono un ottimo esercizio per le prove di domani.

Banchina pericolosa

Per gli automobilisti questo segnale indica che un tratto di strada può cedere e quindi vi è il pericolo di cadute laterali.
In pedagogia 'banchina pericolosa' è cedere alle continue richieste del figlio.
'Banchina pericolosa' è non mettere paletti forti e sicuri: "Qui puoi andare, più in là, no": "questo si può fare, quello è proibito!"; "puoi giocare, ma non devi maltrattare i compagni...".
Il bambino ha bisogno del segnale 'banchina pericolosa'; ha bisogno di norme, di direttive: se mancano, si sente disorientato, insicuro, incerto.

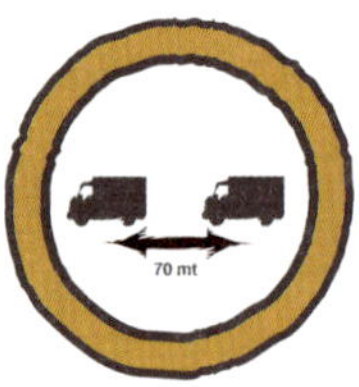

Distanziamento minino obbligatorio

Il segnale indica che le macchine devono tenere una certa distanza una dall'altra.
Il motivo è chiaro: auto troppo vicine possono causare incidenti.
Lo stesso può succedere (anzi, succede sempre!) quando si tratta di educazione.
I genitori-vinavil, perennemente incollati sul figlio, sono una disgrazia. Per educare, è obbligatorio un distanziamento minino.
Per educare, è indispensabile liberarsi dal 'complesso del

bagnino' che ha sempre paura che qualcuno anneghi. I genitori ammalati di tale complesso temono continuamente che il figlio stia correndo qualche pericolo. Per questo lo tacchinano tutto il giorno, lo asfissiano d'assistenza. E il bambino muore come il passerotto in gabbia!

Rifornimento

Già sappiamo che lo psicologo *Bill Cosby* sosteneva che: "Essere genitori è a volte più stressante che essere presidente degli Stati Uniti".
Chi può dargli torto?
Educare logora!
Ecco perché abbiamo bisogno, di tanto in tanto, di fermarci un po': bisogno di rifornimento.
Il bravo educatore detesta il culto della velocità: sa anche staccare l'acceleratore, va a prendersi un gelato, fa una passeggiata, si prepara una torta di cioccolata (alla faccia della macrobiotica!), parla col figlio, lo ascolta senza fretta...
Il bravo educatore pensa: è meglio un fascio di biglietti da cento euro in meno che lo sfascio della famiglia.
Il bravo educatore fa una cosa alla volta e con ordine: in testa a tutto mette il tempo per godersi il bambino.

Divieto di segnalazioni acustiche

Silenzio! Lasciamo parlare i fatti.
Nell'educazione sono vietate le recite. Chi predica acqua e poi beve vino, si elimina in partenza.
Mio padre non mi ha spiegato come vivere: lui ha vissuto e mi ha lasciato guardare come lo faceva.
Mio padre sapeva che i consigli migliori sono gli esempi; sapeva che i migliori testi sono i gesti!

S.O.S .

Ottimo segnale!
Tutti abbiamo bisogno di aiuto.
Ebbene, l'aiuto più sicuro e più potente ci viene dall'alto: ci viene da Dio.
Dio è padre e madre insieme: non può non capire e sostenere i genitori. Basta coinvolgerlo, chiamarlo in causa: invocarlo, anche fino al pianto. La preghiera dei genitori oltrepassa sempre le nubi ed arriva a destinazione.

Direzione obbligatoria

Per noi la direzione obbligatoria è una sola: quella che porta all'educazione.
L'uomo non ha via di scampo: senza educazione è incompetente a vivere da uomo.
Se vogliamo che il nostro pianeta abbia un futuro, non dobbiamo smarrire quella direzione obbligatoria.
Ciò che, purtroppo, sembra stia avvenendo. Apri una qualsiasi rivista e trovi la reclame dell'allergologo, del ginecologo, del pediatra, del nutrizionista, dell'oculista (niente da obiettare, sia ben chiaro!)... ma non quella del pedagogista.
Noi vogliamo opporci all'emarginazione dell'educativo!
Era per ricordare, con forza e convinzione, che esiste la direzione obbligatoria dell'educazione che sono state scritte tutte queste pagine.

A scuola dai proverbi
I PIU' BRILLANTI PROVERBI PEDAGOGICI

I proverbi sono schegge di riflessione, condensati di sapienza.
Per Aristotele (grande filosofo greco) sono i "custodi della filosofia". Per Gianbattista Vico (grande filosofo italiano) sono "la lingua degli dèi".
Per secoli sono stati come un codice morale e civile delle vecchie famiglie, specialmente contadine.
Ebbene, i proverbi non hanno perso la loro validità. Non sono da buttare!
Per questo li proponiamo.
Una collezione di proverbi è come un piccolo Trattato di Pedagogia, quanto mai adatto ai genitori d'oggi che hanno fretta.

Se hai piantato un cardo,
non aspettarti che nasca un gelsomino.
(Persia)

Ciò che Pierino non impara,
Pietro non lo imparerà mai.
(Svezia)

La torre di Pisa pende dalla base.
(Italia)

Il bambino è come un foglio bianco:
chi gli passa vicino gli lascia un segno.

(Cina)

Ci vuole un intero villaggio
per allevare un bambino.

(Africa)

La pelle si modella quando è bagnata;
il bambino si educa quando è piccolo.

(Eritrea)

Passati i vent'anni, è difficile mutar panni.

(Inghilterra)

Quando la radice è profonda,
non c'è ragione di temere il vento.

(Cina)

La prugna si colora guardando
le sue compagne.

(Palestina)

Non dare mandorle a chi non ha denti.

(Spagna)

Chi semina virtù,
fama raccoglie.

Chi semina chiodi,
non vada in giro scalzo.

È covando l'uovo, e non rompendolo,
che si arriva alla gallina.

Finché sai essere bambino con i bambini,
è ancora tua la chiave del paradiso.

(Nepal)

Facile è versare l'acqua,
difficile è raccoglierla.

Sotto i ricci stanno i capricci.

I passi dei genitori
sono l'andatura del figlio.

Quando due elefanti si combattono,
chi ci rimette è l'erba del prato.

(Africa)

Quando il mare e il vento litigano,
i velieri ne vanno di mezzo.

(Palestina)

Due timonieri fanno capovolgere la barca.

(Turchia)

Le scarpe si legano con tutte e due le mani.

Quando due persone vanno d'accordo,
l'argilla diventa oro.

(Zaire)

Quando le formiche si mettono d'accordo,
spostano anche l'elefante.

(Burkina Faso)

Una mano sola non può applaudire.

(Cina)

Gli specchi troppo lucidi
danno fastidio agli occhi.

Acqua troppo pura non ha pesci.

(Cina)

Mulo troppo ferrato scivola sul bagnato.

Buona potatura buoni grappoli assicura.

Stuzzicalo con una vanga
e riderà fino al raccolto.

(Germania)

Il bue troppo grasso non tira l'aratro.

Il passero ubriaco trova amare
anche la ciliegie.

Il secchio che ha la corda lunga
è sempre in fondo al pozzo.

Se li vuoi ricchi e contenti,
allevali tra gli stenti.

Briglia sciolta, un po' alla volta.

Chiodo che sporge va martellato.

Troppa confidenza abbassa la riverenza.

Figli, vigna e giardini, guardarli da vicini.

Chi vuole prendere il miele
non deve tirar calci all'alveare.

Una parola dolce
riscalda tre stagioni fredde.
(Giappone)

Se hai bisogno di un cane,
chiamalo leone.
(Turchia)

La lingua non ha osso,
ma può romper anche il dosso.

Chi parla col cuore è sentito anche dai sordi.

Là ove si ama non scende mai la notte.
(Burundi)

L'amore fa cantare in rima anche il cane.

Le belle parole non fanno cuocere il riso.
(Senegal)

Se vuoi arrivare alla testa, mira al cuore.

In amore bisogna dare tre volte,
prima di prendere una volta.

(Brasile)

Viso sorridente incanta anche il serpente.

(Africa)

Se hai in tasca il profumo del muschio,
non hai bisogno di raccontarlo a tutti.

Quando inciampa la lingua,
è peggio che il piede.

(Africa)

Un gatto quando è messo all'angolo
può diventare un leone .

(Cina)

Non basta aprire la bocca al cardellino
per capire il segreto del suo canto.

(Persia)

È difficile acchiappare un gatto nero
in una stanza buia,
soprattutto quando non c'è.

(Cina)

Carne cruda, pesce cotto. *(Italia).*
Ognuno va trattato per quel che è.

Il rimprovero è perfetto,
se incoraggia chi è corretto.

Le scarpe nuove sono belle,
ma fanno male ai piedi;
le scarpe vecchie sono brutte,
ma sono buone.

Meglio la tosse di una vecchia in casa
che la casa vuota.

(Africa).

Molte volte credendo nei fiori
si fanno sbocciare.

(Cina)

Anche dai figli i genitori possono avere
buoni consigli.

Non esiste cactus tanto irto di spine
che non abbia posto
per un bocciolo in fiore.

(Turchia)

Chiedi a Dio l'aiuto, ma non stare seduto.

Pace e gioia in famiglia,
chi le dà le ripiglia.

Chi non ha mai sbagliato,
ben poco ha combinato.

I più bei proverbi della mamma

Dio non potendo essere ovunque,
ha creato le mamme.
(Palestina)

Cento uomini possono
fare un accampamento,
ma ci vuole una madre
per fare una casa.

Una buona madre vede di più
con un occhio che un padre con dieci.

Quando tiri un sasso alla palma,
essa lascia cadere i datteri più buoni.
(Africa)

Se la pernice prende il volo,
il suo piccolo non sta a terra.
(Africa)

La madre comprende la lingua
del figlio muto.

Se la mamma ride,
il sole può anche non sorgere.

Ogni scaraffone è bello a mamma sua.

Ogni civetta loda i suoi figli.

La mano che dondola la culla
governa il mondo.
(America)

Chi vuole buon arrosto,
badi alla fiamma; chi vuole buoni figli,
stia attento alla mamma.

Api senza regina, alveare in rovina.

Acqua lontana non spegne il fuoco.

Se la madre, più che il figlio,
ama il cane, le ore brutte non sono lontane.

Che colpa ne ha la gatta,
se la massaia è matta?

La madre troppo valente fa la figlia
buona a niente.

I più bei proverbi del padre

Come canta l'abate, così risponde il frate.

In casa non c'è pace se la gallina canta
e il gallo tace.

Marito innamorato sa fare anche il bucato.

Marito senza affetto
è come casa senza tetto.

Chi vuole esser capo,
deve far da ponte.
(Inghilterra)

Famiglia a metà, se non c'è papà.

Il leopardo non perde le chiazze del padre.
(Marocco)

I cocci assomigliano alla pentola.

Il bastone curvo non fa mai l'ombra dritta.

Se un uomo piccolo fa un'ombra lunga,
è segno che il sole non è molto alto.
(Cina)

Le case dei papà pantofolai,
son soffocate da guai.

Non si fa il boscaiolo senza accetta.

Se il padre fa carnevale,
ai figli tocca fare quaresima.

Prima di dirigere l'orchestra,
bisogna conoscere la musica.

Albero carico di frutti
si china verso tutti.

INDICE

DELLA STESSA COLLANA

Studiare da mamma. Studiare da papà
Adolescenti. Gli anni che scoppiano
Ditemi qualcosa
Ti racconto Dio
I valori: pilastri dell'educazione
Sono un bambino, non un tubo digerente
Lo vogliamo intelligente
La pace comincia dai bambini
Mamma, cos'è la morte?
Il secolo dei nonni
2 Ottobre. Festa dei nonni. Festa degli Angeli Custodi
Sesso sfacciato. Qualcuno si è stancato

Questo testo
rientra nel progetto del

CONSULTORIO PEDAGOGICO

Per informazioni rivolgersi a:
Don Pino Pellegrino
Viale Mellano, 1 - 12045 Fossano (CN)
Tel. 0172/634131 - Fax 0172/742771
e-mail: donpino@astegianoeditore.it

Finito di stampare nel mese di Aprile 2006
dalla Litostampa Mario Astegiano - Marene (Cn)